돼지 삼총사
보글보글
화학 레시피

TRICKCHEMIE by Robert Griesbeck, illustrated by Nils Fliegner
ⓒ 2011 Boje Verlag in Bastei Lübbe GmbH & Co.KG, Köln
Korean Translation Copyright ⓒ 2011 Darim Publishing Co.
All rights reserved.
The Korean language edition published by arrangement with Bastei Lübbe GmbH & Co.KG,
Köln through MOMO Agency, Seoul.

이 책의 한국어판 저작권은 모모 에이전시를 통해 Bastei Lübbe GmbH & Co.KG, Köln사와
독점 계약한 도서출판 다림에 있습니다.
저작권법에 의해 한국 내에서 보호를 받는 저작물이므로 무단 전재와 무단 복제를 금합니다.

생각이 솟아나는 요리 화학
돼지 삼총사, 보글보글 화학 레시피

초판 1쇄 발행 2011년 10월 25일
초판 4쇄 발행 2021년 05월 01일

지은이 로베르트 그리스벡
그린이   닐스 플리그너
옮긴이   고영아

편집장   천미진
편 집   임수현, 민가진, 이정미
디자인   강혜린
마케팅   한소정
경영지원 구혜지

펴낸이   한혁수
펴낸곳   도서출판 다림
등 록   1997. 8. 1. 제1-2209호
주 소   07228 서울시 영등포구 영신로 220 KnK 디지털타워 1102호
전 화   (02) 538-2913 팩 스 (02) 563-7739
블로그   blog.naver.com/darimbooks
다림 카페 cafe.naver.com/darimbooks
전자 우편 darimbooks@hanmail.net

ISBN 978-89-6177-048-4 73430

이 책 내용의 일부 또는 전부를 사용하려면 반드시 저작권자와 도서출판 다림의 서면 동의를 받아야 합니다.
책값은 뒤표지에 표시되어 있습니다.

	제품명: 돼지 삼총사, 보글보글 화학 레시피	제조자명: 도서출판 다림	제조국명: 대한민국	⚠ 주 의
	전화번호: 02-538-2913	주소: 서울시 영등포구 영신로 220 KnK 디지털타워 1102호		아이들이 모서리에 다치지
	제조년월: 2021년 05월 01일	사용연령: 8세 이상		않게 주의하세요.
	※KC마크는 이 제품이 공통안전기준에 적합하였음을 의미합니다.			

돼지 삼총사
보글보글
화학 레시피

로베르트 그리스벡 글 | 닐스 플리그너 그림
고영아 옮김

다림

 차례

1장 우리는 삼총사! 9

2장 화학을 대체 왜 배우는 거야? 13

첫 번째 문제 | 버터를 직접 만들어 보렴!
두 번째 문제 | 우유로 접착제를 만들 수 있다고?
세 번째 문제 | 조금 특별한 맛의 비밀 편지
네 번째 문제 | 사과를 미라로 만든다면?

3장 제법 화학적인 케이크 만들기 37

다섯 번째 문제 | 어느 것이 상한 달걀일까?
여섯 번째 문제 | 물일까? 기름일까?

쉬어 가기 | 로자 아줌마의 레시피

4장 이건 마술이 아니라 화학이야 51

일곱 번째 문제 | 건포도를 구해 줘!
여덟 번째 문제 | 베이킹파우더로 풍선을 불 수 있다고?
아홉 번째 문제 | 촛불을 끄는 색다른 방법

5장 달콤짭조름한 실험 63

열 번째 문제 | 설탕과 소금 구별하기
열한 번째 문제 | 맛보지 않고 알 수 있을까?
열두 번째 문제 | 소금은 어디에서 왔는가
열세 번째 문제 | 소금아 나와라, 얍!
열네 번째 문제 | 털실이 소금을 머금게 된 사연
열다섯 번째 문제 | 아주 달콤한 실험

6장 좀 더 깊은 맛을 보여 주겠어! 79

열여섯 번째 문제 | 꼬마 곰 젤리의 변신은 무죄
열일곱 번째 문제 | 맛의 종류는 몇 가지일까?
열여덟 번째 문제 | 양배추가 알려 주는 것

열아홉 번째 문제 | 식초가 할 수 있는 일은?
스무 번째 문제 | 알록달록 달걀 물들이기
스물한 번째 문제 | 꽃의 색을 바꿔 볼까?
스물두 번째 문제 | 검은 사인펜 속에 숨겨진 빛깔들
스물세 번째 문제 | 소금이 이길까, 설탕이 이길까?

7장 최고의 화학 선생님 101

정답은 여기에 105

1장
우리는 삼총사!

물론 꼬마 돼지들도 학교에 다닌다. 설마 안 다닐 거라고 생각한 건 아니겠지? 만약 돼지들은 하루 종일 진흙탕에서 뒹굴면서 꿀꿀거리기나 하고 있을 거라고 생각했다면 그야말로 크나큰 오해다. 물론 꼬마 돼지들도 학교에 가는 것보다는 스케이트보드를 타거나 오후 내내 공원 벤치에 앉아 맛있는 아이스크림을 먹는 것을 더 좋아하긴 하지만.

진흙탕 얘기가 나온 김에 분명히 밝혀 둘 것이 있다. 돼지들에게는 사람과는 달리 땀샘이 없어서 여름이 견딜 수 없이 덥다. 더위를 식히려면 축축한 진창에서 뒹구는 수밖에. 하지만 우리 돼지 삼총사처럼 교양 있는 돼지들은 그런 품위 없는 짓은 결코 하지 않는다. 그 대신 하루에 서너 차례 샤워를 하거나 수영장에 가기도 한다.

이것만 보아도 우리가 돼지에 대하여 잘못된 선입견을 가지고 있다는 것을 잘 알 수 있다. 뿐만 아니라 돼지는 상

당히 영리하다. 심지어는 돼지가 사람 못지않게 똑똑하다는 의견도 적지 않다. 무머리 아저씨는 이렇게 말하곤 한다.

"우리가 사람들보다 머리가 더 좋을걸. 사람들이 콘센트가 뭔지도 몰랐을 때부터 우리는 콘센트를 코에 달고 있었거든."

아저씨 말은 아마도 농담이었을 것이다.

이 이야기에 나오는 꼬마 돼지들의 이름은 하비와 배배 그리고 차차. 하비는 돼지 학교 4학년이다. 수학과 럭비는 잘 하지만 프랑스어는 엉망이다. 하비는 그냥 조금 똑똑한 정도가 아니라 굉장히 영리한, '천재'라는 말이 어울릴 만큼 머리가 기막히게 좋다. '돼지 지능 지수'가 거의 244나 된다. 244는 엄청난 수치다. 알베르트 아인슈타인이 돼지였다 하더라도 하비보다 지능 지수가 높기는 힘들었을 것이다. 하지만 하비는 머리가 좋다고 으스대거나 잘난 척하지 않는다. 그저 수학과 물리 과목에서 '수'를 받는 정도로 만족할 뿐이다. 그런데 얼마 전부터 새로 배우게 된 과목은 너무 어려워서 하비조차도 두통이 생길 지경이었다.

차차는 하비의 단짝 친구다. 그러나 교실에서는 하비와 세 줄이나 떨어져 앉는다. 수업 시간마다 둘이 이마를 맞대고 새로운 질문거리를 궁리해 내며 수업을 방해하는 통에 담임인 똥배 선생님이 자리를 떨어뜨려 놓은 것이다.

차차는 누구라도 속아 넘어갈 온갖 장난과 수수께끼에 환하다. 그리고 그런 문제를 낼 때마다 어찌나 순진무구한 얼굴을 하고 있는지 똥배 선생님은 번번이 당하고 만다.

배배는 차차와 쌍둥이 형제다. 차차만큼 머리가 좋은 것은 아니지만 재미난 이야기로 웃기는 재주가 있고, 말도 안 되는 난센스 퀴즈를 많이 알고 있다. 이 셋이 바로 모든 선생님들을 두려움에 떨게 만드는 '돼지 삼총사'다.

그런데 돼지 삼총사가 지금 무슨 영문인지 상당히 의기소침해 있다.

화학을 대체 왜 배우는 거야?

"**솨학**이라니요!"

학교가 끝난 오후 친구들과 함께 무머리 아저씨 댁에 놀러 온 하비가 한숨을 쉬며 동그랗게 말린 꼬리를 파르르 떨었다.

"그런 게 대체 왜 필요한 건데요! 수학이랑 물리는 필요하다고 쳐요. 지리나 맞춤법, 럭비를 배우는 것도 다 이해할 수 있어요. 하지만 솨학이라니요!"

"솨학이 아니라 화학이다."

무머리 아저씨는 놀랍다는 표정으로 하비를 보면서 말을 이었다.

"너처럼 똑똑한 녀석이 화학을 어려워하다니 의외로구나. 잘 생각하면 충분히 이해할 수 있을 텐데. 원소와 산, 알칼리 그리고 전부 다……"

"그래서요?"

하비는 아저씨 말을 가로채면서 투덜거렸다.

"그걸 왜 배워야 하는데요? 수학을 배워야 하는 이유는 알아요. 집에 새로 페인트칠을 해야 할 경우에 페인트를 몇 통이나 사야 할지 계산을 해야 하니까요. 물리를 배우면 깜빡 잊고 성냥을 안 가지고 캠핑을 갔을 때 어떻게 하면 불을 붙일 수 있는지 알 수 있죠. 하지만 화학은……"

그때 무머리 아저씨의 부인인 로자 아줌마가 대화에 끼어들었다. 로자 아줌마는 굉장히 솜씨가 좋은 요리사인데, 아줌마

가 만든 요리 중에 나무딸기 룰라드와 감자, 양파, 완두콩을 재료로 한 삼단 케이크가 아주 유명하다.

"화학이 없으면 너흰 정말 불쌍한 신세가 되고 말걸. 내가 주방에서 요리를 할 때마다 무슨 일이 일어난다고 생각하니? 바로 화학이란다!"

돼지 삼총사는 어리둥절한 표정으로 아줌마를 쳐다보았다.

"화학이라고요? 전 아줌마가 천연 재료만 쓰시지, 화학조미료 같은 건 전혀 안 쓰시는 줄 알고 있었는데요!"

하비가 언짢은 얼굴로 따졌다.

"이런, 바보 같으니라고! 밀가루, 설탕, 소금 그리고 버터로 무언가를 만드는 게 전부 화학이란다. 화학을 제대로 이해하고 싶다면 이번 일요일에 우리 집으로 놀러 오렴. 내가 주방에서 일하는 걸 보면 무척 요긴한 걸 배울 수 있을 게다."

　삼총사는 얼굴을 마주 보았다. 화학 과외 수업이라고? 뭐, 화학을 꼭 배워야 할 필요는 없을 것 같지만 하루 종일 로자 아줌마 주방에서 시간을 보낸다는 건 솔깃한 제안이다. 맛있는 것들을 잔뜩 얻어먹을 수 있는 기회니까.

　그렇게 해서 하비와 차차 그리고 배배는 로자 아줌마에게 화학 수업을 듣게 되었다.

첫 번째 문제
버터를 직접 만들어 보렴!

삼총사가 무머리 아저씨 댁에 도착할 무렵 로자 아줌마는 아저씨를 집 밖으로 내보내려고 한참 설득하는 중이었다.

"친구들이랑 축구 시합이라도 구경하러 가는 게 어때요? 당신이 집에 있으면 거치적거릴 게 분명하다고요."

"그 녀석들에게 요리와 관련된 화학 수업을 해 줄 거라면서? 그럼 나처럼 꼬마 돼지들을 가르쳐 본 적이 있는 경험자가 곁에 있어야 든든하지."

돼지 학교에서 물리를 가르쳤던 무머리 아저씨가 은근히 빼기는 어조로 말했다.

"괜찮아요. 내가 당신을 하루 이틀 겪나요. 보나 마나 쉴 새 없이 온갖 공식을 들먹거려 녀석들을 완전히 겁먹게 만들 거잖아요. 나 혼자로도 충분해요."

17

"난 최신식 교육법엔 도무지 찬성할 수가 없는데……"

무머리 아저씨는 못마땅한 얼굴로 중얼거리면서 느릿느릿 집 밖으로 향했다. 하비와 차차, 배배가 아저씨 옆을 지나 집 안으로 막 들어가려는 순간 열린 대문 사이로 아저씨의 목소리가 들려왔다.

"레몬 케이크 만드는 건 절대로 잊지 마!"

"우아, 레몬 케이크래!"

배배가 입맛을 다시며 탄성을 내뱉었다.

"아줌마한테 화학 수업을 받기로 한 게 괜찮은 생각인 것 같

다."

"화학이라니!"

하비는 인상을 쓰며 신음 소리를 냈다. 아무리 생각해도 화학은 정말 필요 없는 과목이고 그걸 배운다는 건 멍청한 짓 같았기 때문이다.

"다들 내 실험실에 온 걸 환영한다!"

로자 아줌마가 삼총사를 향해 큰 소리로 외친 뒤 주방으로 오라고 손짓을 했다.

"여기서 실험을 할 거다. 플라스크나 비커, 알코올램프 같은

건 없단다. 그 대신 재료를 섞을 때 쓸 커다란 그릇과 저장용 유리병 그리고 성능 좋은 오븐이 있지. 사실 너희들한테 필요한 건 화학 원료들이 들어 있는 유리병이나 산, 염기 따위가 아니거든. 소금과 후추, 달걀, 우유, 버터 그리고 훌륭한 주방이라면 으레 갖추고 있는 다른 몇 가지 물건들만 있으면 충분해."

"점수도 매기실 건가요?"

차차가 걱정스럽게 물었다.

"아니. 하지만 여기서 실험한 것들은 전부 먹어도 된단다. 아니, 전부는 아니고 대부분이라고 하는 게 맞겠구나."

로자 아줌마는 미소를 지으며 대답했다. 하비와 차차 그리고 배배는 아줌마 말대로라면 해 볼 만하다는 데 의견을 같이했다.

"자, 첫 실험으로 내 유명한 레몬 케이크를 만들어 볼까. 근사한 레몬 케이크를 만드는 데 이제껏 한 번도 실패한 적이 없으니 실험이라는 말은 어울리지 않겠구나. 어쨌든 너희들로선 배울 점이 많을 게다."

아줌마는 콧노래를 흥얼거리면서 주방 테이블 위에 필요한 재료들을 늘어놓기 시작했다. 밀가루와 레몬, 생크림, 설탕……

"잠깐만, 말도 안 돼! 도대체 버터는 어디 있지?"

아줌마는 벌겋게 상기된 얼굴로 냉장고 안을 뒤졌다.

"정말 버터가 없네! 음…… 괜찮아. 어차피 이렇게 되었으니 너희에게 첫 번째 화학 과제를 내 주마. 버터를 한번 만들어 보렴."

삼총사는 난처한 표정으로 서로의 얼굴을 바라보았다.

"버터 대신 마가린을 쓰면 안 될까요?"

하비가 물었다.

"아니면 제가 얼른 집에 가서 엄마한테 버터를 좀 얻어 올게요."

차차도 재빨리 제안을 했다.

로자 아줌마는 단호한 표정으로 고개를 저었다.

"아니, 그럴 필요 없다. 너희가 여기 온 건 뭔가 배우려고 온 것 아니냐. 자, 버터를 만드는 데 필요한 게 무얼까?"

"우유…… 아닌가요?"

차차가 자신 없는 목소리로 대답을 했다.

"그래, 맞다. 그런데 반드시 지방이 많이 들어 있는 우유라야 한단다. 가장 좋은 건 생크림(우유에서 비중이 적은 지방분을 분리해 내어 살균한 식품: 옮긴이)이다. 마침 여기 생크림이 있구나. 그럼 생크림이 어떻게 버터가 되지?"

"냉동실에 넣으면 되겠죠. 한 시간 정도 넣어 두면 분명 버터처럼 굳을걸요."

배배가 얼른 대꾸를 했.

"멍청한 소리 작작 해! 생크림을 망치나 테니스 라켓 같은 걸로 쾅쾅 두드려야 한다고!"

하비가 배배에게 면박을 주었다.

"아이고!"

로자 아줌마는 길게 한숨을 내쉰 다음 말을 이었다.

"정말로 화학에는 아주 깜깜한 녀석들이구나. 물론 예전엔 커다란 나무통에 우유를 붓고 버터를 만들었지. 위에 생기는 유지방 덩어리를 손으로 쾅쾅 치면서 말이다. 하지만 이제는 주방용 기계를 이용한단다."

아줌마는 삼총사에게 유지방으로 버터를 만드는 법을 친절하게 설명해 주었다. 그리고 화학이 왜 필요한지 모르겠다면서 여전히 시큰둥한 태도를 보이는 하비에게는 따로 과제를 내 주었다.

"하비야, 너한테는 특별 과제를 내 주마. 여기 단단한 플라스틱 통이 있다. 뚜껑은 돌려서 닫을 수 있게 되어 있고 안에는 유리구슬이 들어 있지. 이걸로 어떻게 하면 버터를 만들 수 있을지 생각해 보렴. 알아맞히면 나중에 시험 치를 때 가산점을 줄 테니."

하비는 자신이 없는지 시무룩한 표정을 지었다. 이걸 가지고 무슨 수로 버터를 만들란 말이지?

> 로자 아줌마가 하비에게 한 말은 진심일까? 어떻게 주방용 기계를 쓰지 않고 플라스틱 통과 유리 구슬만 가지고 버터를 만들 수 있다는 말일까?
> 답은 106쪽에.

두 번째 문제

우유로 접착제를 만들 수 있다고?

돼지 삼총사는 자기들이 액체 상태의 생크림을 가지고 딱딱한 버터를 만드는 데 성공했다는 사실에 한껏 들떠 있었다. 별로 내키지 않아 하던 하비조차도 플라스틱 통을 이용해서 버터를 만들었다는 것이 자랑스러운 듯했다. 물론 오른팔이 심하게 욱신거리긴 했지만 말이다.

"그러니까 이런 게 화학이란 말이죠? 액체 상태로 있는 걸 딱딱하게 변화시키는 것이요?"

하비가 눈빛을 빛내며 물었다.

"그것만이 아니란다."

아줌마는 대답할 말을 고르는 듯 잠시 뜸을 들였다.

"물론 네가 말한 것이 포함되긴 하지. 좋은 지적을 했구나. 이 주방에 있는 모든 것들은 세 가지로 구분할 수 있단다. 화학에서 물체의 상태를 나누는 것처럼 말이지. 고체, 액체 그리고 기체. 정말 간단해. 예를 들어 물은……"

"얼어서 고체가 된 것이 얼음이죠."

하비가 재빨리 말을 받았다.

"액체 상태일 때는 물이고요."

차차도 질세라 한마디 했다.

"그리고 기체가 된 것이 수증기잖아요."

배배가 말을 맺었다.

"그래, 다들 잘 알고 있구나."

아줌마는 만족스러운 얼굴로 고개를 끄덕였다.

"그런데 우유로 만들 수 있는 게 더 있지 않나요?"

차차가 고개를 갸우뚱했다.

"뜨겁게 달군 프라이팬 위에 뚝뚝 떨어뜨릴 수 있어. 그럼 진짜 고약한 냄새가 나!"

배배가 짓궂게 웃으며 소리쳤다.

"너희다운 생각이로구나."

아줌마는 고개를 절레절레 흔들더니 말을 이었다.

"하긴 우유로 만들 수 있는 게 몇 가지 더 있지. 예를 들어 우유로 접착제를 만들 수도 있단다. 풀이 다 떨어져서 곤란할

땐 정말 근사하지 않겠니?"

"어떻게 만드는데요?"

돼지 삼총사가 두 눈을 동그랗게 뜨고 이구동성으로 소리쳤다.

"그냥 가르쳐 주긴 싫은데. 우선 너희 힘으로 궁리를 좀 해 보렴. 필요한 건 여기 다 있다."

로자 아줌마는 빙그레 웃으며 주방의 테이블 위에 우유 한 통과 식초 한 병 그리고 베이킹파우더 작은 봉지 하나를 늘어놓고는 도전을 자극하는 눈빛으로 삼총사를 바라보았다.

우유랑 식초, 베이킹파우더라…… 과연 이 세 가지 재료를 가지고 접착제를 만들 수 있을까? 답은 107쪽에.

세 번째 문제
조금 특별한 맛의 비밀 편지

"화학이 이렇게 쉬운 거였어요?"

우유로 접착제 만드는 데 성공한 하비가 뿌듯한 표정으로 물었다.

"우유로 뭐든지 만들 수 있는 건가요?"

"글쎄, 뭐든지는 아니지만 많은 걸 만들 수 있지."

하비의 질문에 대답을 한 로자 아줌마는 잠시 생각하더니 덧붙였다.

"그중 몇 가지는 정말 맛있는 것들이란다. 치즈, 아이스크림, 요구르트 그리고 케이크에 얹어 먹는 달콤한 크림 같은 것들도 전부 우유로 만들었단다."

"우아! 거기에 접착제랑 악취탄도 만들 수 있다니, 정말 대단하네요!"

배배가 감탄했다.

"예전엔 스파이들이 달리 방법이 없을 땐 우유를 요긴하게 쓰기도 했다."

로자 아줌마의 말이 이어졌다.

"무기로요? 상한 우유로 만든 악취제를 사용했나요?"

배배가 물었다.

"아니면 초강력 접착제를 만들어 썼나요?"

하비도 한마디 거들었다.

"아니다. 받는 이만 알아볼 수 있는 비밀 편지를 쓰는 데 사용했단다."

로자 아줌마가 미소를 지으며 대답했다.

"아, 안 보이는 잉크……"

배배는 이미 알고 있다는 듯 고개를 끄덕였다.

"지난번에 캠핑 갔을 때 배웠어요.* 레몬즙 조금만 있으면 되잖아요. 그걸로 종이에 글씨를 쓰면 안 보이는데 나중에 아래쪽에서 열을 가하면 보이게 된다는 것 말씀이죠? 그걸 누가 몰라요!"

배배는 자기가 알고 있는 걸 떠벌리며 무척 자랑스러워했다.

하지만 로자 아줌마는 고개를 저었다.

---

*이 책과 같은 시리즈인 『돼지 삼총사 와글와글 물리 캠프』(도서출판 다림, 2011)를 참고할 것

"우유는 그 경우와 다르단다. 너희 중 누군가 어떻게 다른지 혹시 알고 있니?"

> 비밀 편지를 쓰는 도구로 우유를 사용한다고? 어떻게 그럴 수 있지? 로자 아줌마는 삼총사에게 힌트를 주기 위해 우유 옆에 후추 통을 갖다 놓았다. 이제 뭔가 떠오르는가? 답은 109쪽에.

사과를 미라로 만든다면?

"하지만 진짜 근사한 건 이제부터다."

로자 아줌마가 삼총사를 번갈아 바라보며 말했다.

"우유로 심지어 고무공도 만들 수 있다는 걸 알고 있니? 그런 생각은 꿈에도 못 해 봤지?"

"에이, 말도 안 돼요. 고무는 나무를 원료로 해서 만드는 거잖아요."

아줌마의 말이 끝나자마자 배배가 잽싸게 대꾸했다.

"바보 같은 소리 하지 마. 고무나무에서 나오는 수액으로 고무를 만드는 거야. 그러니까 고무나무지."

하비가 배배에게 핀잔을 준 뒤 의아한 표정으로 로자 아줌마를 쳐다보며 물었다.

"그런데 우유로 고무를 만든다고요?"

"그렇다니까."

아줌마는 어깨를 으쓱하면서 대답했다.

"주방에서 정신없이 바쁘게 요리를 하던 중에 우연히 발견하

게 된 사실이란다. 아무래도 너희들 힘만으론 알아내기 어려울 것 같으니 내가 알려 주마. 잘 보렴."

말을 마친 아줌마는 냄비에 신선한 우유를 붓고 불 위에 올려놓았다. 그리고 우유가 끓기 직전에 식초를 몇 숟가락 떨어뜨리더니 냄비를 불에서 내리고 빠른 동작으로 우유를 계속 저었다. 그러자 놀랍게도 정말 고무처럼 보이는 덩어리가 생겼다. 로자 아줌마는 그 덩어리를 건져서 흐르는 물에 깨끗이 씻었다. 그리고 손으로 빚어 작은 공 모양으로 만들더니 바닥에 던졌다. 아줌마가 만든 공은 힘겹게 튀어 올랐다. 통통 튀기는 진짜 공에 비할 바는 아니었지만 어쨌든 틀림없는 공이었다!

"주방에서 별걸 다 배우네요!"

하비가 큰 소리로 감탄했다.

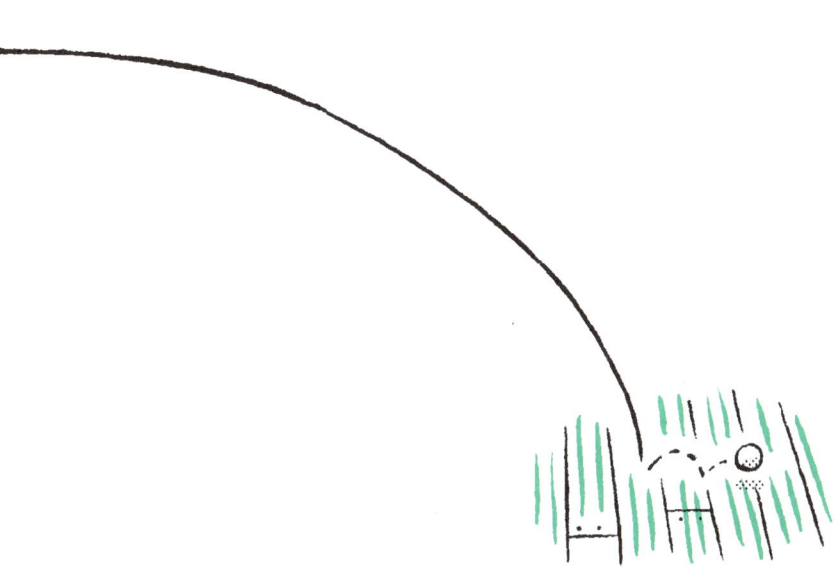

"그러니까 화학은 재료들을 섞으면 완전히 새로운 것이 나오는 그런 현상들을 배우는 과목이란 말이죠?"

"그래. 그리고 그건 요리도 마찬가지란다. 하지만 화학에서 다루는 것은 그 이상이야. 화학에서는 각기 다른 원료들을 파악하고 변화시키는가 하면 분리하기도 하고 다시 혼합하기도 하지. 하긴 곰곰이 따져 보면 요리라고 해서 다를 게 없다만."

"하지만 요리를 해서 나오는 결과물은 먹을 수 있잖아요. 그게 화학과 비교할 때 요리가 갖는 큰 장점이고요."

배배가 입맛을 다시면서 말했다.

어디선가 꾸르륵거리는 소리가 방 안에 크게 울려 퍼졌다. 배배가 멋쩍게 웃으며 손으로 배를 쓰다듬었다.

"케이크 다 되려면 아직 멀었나요? 반죽이라도 조금 떼어서 먹으면 안 될까요?"

배배가 애원하는 표정으로 물었다.

"여기 이거라도 먹고 잠깐만 참아!"

차차가 배배에게 사과 하나를 건네며 달랬다.

"먹어서 살찌는 것도 아니고 비타민도 풍부하니까 너한테는 딱이다."

"알았어. 쫄쫄 굶는 것보다야 낫겠지."

배배는 아쉬운 표정으로 케이크 반죽이 있는 쪽을 바라보면서 사과를 한 입 베어 먹었다.

그때 갑자기 로자 아줌마가 손바닥으로 이마를 탁 치더니 중얼거렸다.

"아차, 깜빡할 뻔했네. 너희를 위해서 며칠 전에 준비한 게 있는데……"

아줌마는 말을 채 마치기도 전에 식료품 창고로 사라지더니 잠시 후 쟁반을 들고 나타났다. 쟁반 위에는 반으로 쪼개진 사과가 두 쪽 있었는데, 그중 하나는 갈색으로 변하여 쭈글쭈글했고 다른 하나는 비교적 싱싱한 상태였다.

"오! 사과가 완전히 미라가 됐네!"

아줌마는 멀쩡해 보이는 사과 반쪽을 들어 보이며 의기양양하게 말했다.

"어휴, 더러워!"

하비가 색이 변한 사과를 보며 역겹다는 듯 얼굴을 찡그렸다.

"대체 뭐 하시려고요? 사과한테 장례라도 치러 주실 작정이세요?"

"허튼소리 말고 내 말 잘 들으렴. 여기 있는 반쪽짜리 사과 두 개는 한 일주일 전부터 식료품 창고에 놓여 있었다. 둘 중 하나에는 내가 미리 처리를 해 두었고 다른 하나는 그냥 둔 것이다. 처리라고는 하지만 내가 쓴 것은 베이킹파우더 조금뿐이야. 그래도 너희가 지금 보고 있는 것 역시 화학 반응이라고 할 수 있지. 자, 똑똑하기로 소문난 삼총사 머리로 내가 어떻게 했을지 한번 알아맞혀 볼래?"

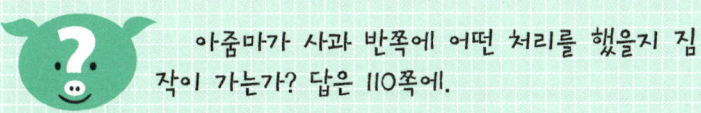
아줌마가 사과 반쪽에 어떤 처리를 했을지 짐작이 가는가? 답은 110쪽에.

3장
제법 화학적인 케이크 만들기

다섯 번째 문제
어느 것이 상한 달걀일까?

"자, 이제 정말 케이크 만드는 일로 돌아가야겠구나. 안 그러면 오늘 안으로 케이크 먹기는 힘들 테니까. 배배야, 이제 반죽에 필요한 게 무엇일 것 같니?"

로자 아줌마가 물었다.

"설탕이요! 설탕을 잔뜩 넣어야 해요!"

배배는 두 눈을 빛내면서 대답했다.

"좋아. 그리고 또 무얼까? 이번엔 차차가 대답해 보렴."

"에…… 아마 달걀 아닐까요?"

차차는 자신 없는 목소리로 대답했다.

"맞다."

말을 마친 아줌마는 냉장고를 열었다.

"어쩜 좋아! 아저씨가 또 냉장고 안을 엉망으로 해 놓으셨구나."

아줌마는 냉장고 안의 달걀 넣는 칸에 뒤죽박죽 쌓여 있는 달걀들을 가리키며 한숨을 쉬었다.

"이렇게 마구 섞어 놓았으니 무슨 수로 달걀을 구별한담!"

배배가 이해할 수 없다는 듯 고개를 갸우뚱했다.

"왜요? 달걀이면 다 같은 달걀이지, 다를 게 뭐 있나요?"

"무슨 소리냐. 달걀에는 적어도 네 가지 종류가 있단다. 신선한 달걀과 상한 달걀 그리고 날달걀과 삶은 달걀이지. 내가 이 네 가지를 얼마나 잘 나누어서 넣어 놓았는데, 이게 무슨 날벼락이람! 이렇게 섞여 있으니 어떻게 그 네 가지를 구별할 수 있겠어. 혹시 좋은 방법 떠오르는 것 없니?"

아줌마는 난감한 표정을 지으며 삼총사를 쳐다보았다.

"날달걀과 삶은 달걀을 구별하는 방법은 알아요. 그런데 상한 달걀과 신선한 달걀을 구별하는 방법은……"

하비는 마땅한 방법이 떠오르지 않는지 애꿎은 머리만 긁적거리며 고개를 숙인 채 생각에 잠겼다.

> 달걀을 깨뜨리는 일 없이 삶은 달걀과 날달걀 그리고 상한 달걀과 신선한 달걀을 구별하는 방법은 무엇일까? 답은 111쪽에.

여섯 번째 문제
물일까? 기름일까?

"부모님께 이론 공부도 좀 시키겠다고 말씀드렸으니 약속은 지켜야겠구나. 너희들 이론이 무언지 알고 있지?"

로자 아줌마는 정색을 하고 삼총사를 쳐다보았다.

"물론 알아요! 볼 수도 없고 냄새도 안 나고 소리도 안 나는 거죠."

배배가 다소 실망한 얼굴로 대답했다.

"완전히 맞다고는 할 수 없어도 꽤 근사한 대답이다. 그럼 넌 어떠냐, 차차야?"

"그러니까 이론적으로는 이 달걀을 떨어뜨릴 수도 있고 그러지 않을 수도 있지만 실제로 떨어뜨리면 달걀이 깨지는 거잖아요."

차차가 대답했다.

"나쁜 대답은 아니로구나. 하비야, 넌?"

아줌마는 마지막으로 하비에게 물었다.

"이론이라는 건 뭔가가 일어날 때 그게 왜 일어나는지 설명해 주는 것, 그 일의 배후에 뭐가 있는지 알려 주는 것 아닌가요?"

아줌마는 천천히 고개를 끄덕이면서 말했다.

"맞다. 실험은 손으로 하는 일이고 이론은 머리로 하는 일이라고 할 수 있지. 하나가 제대로 되어 있지 않으면 다른 하나도 올바르게 진행되지 않는 법이란다. 생각해 보면 무척 간단한 거야. 그러니 실제로 실험을 해 보고 그 실험 결과를 설명해 줄 이론을 찾을 수 있는지 보자꾸나."

말을 마친 아줌마는 유리컵 두 개를 가져다가 그중 하나에는 물을 붓고 다른 하나에는 무색의 투명한 액체를 붓더니 재빠른 동작으로 컵 두 개의 위치를 여러 번 바꾸었다. 아줌마의 손놀

림이 어찌나 빨랐는지 삼총사 중 누구도 어느 컵에 물이 들었는지 도저히 눈치챌 수가 없었다.

"자, 이 유리컵 두 개 중 하나에는 물이 들어 있고 다른 하나에는 무색의 투명한 식용유가 들어 있단다. 이제 식용유가 담겨 있는 컵이 어떤 건지 알아맞혀 보렴. 하지만 절대로 냄새를 맡거나 맛을 봐서는 안 된다. 둘 다 똑같이 투명한 액체니까 아무리 열심히 들여다봐도 소용없을 게다."

삼총사는 할 말을 잃은 채 서로 얼굴만 쳐다보았다. 답이 금방 떠오르지 않았다.

"내가 힌트를 주마. 컵에 있는 액체 하나를 무언가 다른 색으로 물들여 보자."

아줌마는 컵 한 개에 버찌즙을 몇 방울 떨어뜨리고는 휘휘 저었다. 버찌즙을 넣은 액체의 색깔이 분홍색으로 물들었다. 그 다음 컵 두 개에 들어 있는 액체를 모두 큰 유리그릇에 쏟고 잠시 기다렸다. 처음에는 분홍색을 띤 액체와 무색의 액체가 뒤섞여 흔들리더니 조금 지나자 액체가 둘로 분리되었다. 유리그릇 아래에는 분홍색 액체가 그리고 위에는 무색의 액체가 자리 잡았다.

"그래서요? 그래도 여전히 어느 것이 식용유고 어느 것이 물인지는 모르잖아요."

하비가 고개를 갸우뚱하면서 말했다.

"아니, 알 수 있지."

로자 아줌마가 자신 있는 목소리로 대답하고는 이내 덧붙였다.

"그리고 지금쯤은 너희도 내가 무얼 분홍색으로 물들였는지 짐작이 갈 텐데."

"아, 알았어요!"

배배가 갑자기 큰 소리로 외치더니 배를 두드렸다.

> 배배는 어떻게 답을 찾아냈을까? 그릇에 담긴 두 가지 액체 중 어느 것이 물이고 어느 것이 식용유인지 짐작이 가는가? 정답은 113쪽에.

로자 아줌마의 레시피

"방금 너희가 배운 것은 정말로 중요한 사실이란다. 화학자라면 그리고 요리사라면 누구나 반드시 알아야 하는 사실이지. 물과 기름은 결코 섞이지 않는다. 그 말은 그 두 가지가 절대 지속적인 혼합 상태를 유지할 수 없다는 뜻이야. 물론 잠깐 동안 서로 달라붙을 때도 있긴 하지. 샐러드 소스를 만들 때처럼 말이다. 너희 혹시 샐러드 소스 만드는 법은 알고 있니?"

아줌마는 삼총사를 번갈아 가며 쳐다보았다.

"식용유랑 식초, 소금 그리고 후추를 한데 넣고 흔들면 완성이죠!"

아줌마의 질문이 끝나기가 무섭게 배배가 자신만만한 얼굴로 대답했다. 먹을 것에 관한 한 누구에게도 뒤지지 않을 만큼 잘 알고 있으니까!

"글쎄다, 그렇게 간단하게 말할 순 없겠는데. 제대로 된 샐러드 소스를 만들려면……"

아줌마는 삼총사에게 샐러드 소스 만드는 법을 일러 주었다.

샐러드 소스 만드는 법

샐러드 소스 만드는 데 들어가는 주재료는 식초(혹은 레몬즙)와 식용유 그리고 소금과 후추이며 나머지는 기호에 따라 얼마든지 달라질 수 있다. 만드는 순서는 아래와 같다.

1. 식초(혹은 레몬즙)에 소금을 넣어 녹인다. 식용유에는 소금이 녹지 않기 때문이다.

2. 후추와 허브, 매운 칠리(멕시코산 붉은 고추: 옮긴이) 혹은 겨자 등의 향신료를 넣는다. 잼이나 꿀을 넣어도 맛있는 소스를 만들 수 있다. 누구라도 자기가 원하는 맛을 얻을 때까지 화학자나 요리사처럼 여러 가지 재료를 넣고 실험해 보는 것이 좋다.

3. 마지막으로 식용유를 한 방울씩 떨어뜨리면서 포크나 거품기로 힘껏 젓는다. 소스가 걸쭉해질 때까지 잘 섞어야 한다. 식용유의 양은 식초의 두 배 혹은 세배가량이 적당하며 좋은 올리브유를 사용하는 것이 가장 바람직하다.

"새콤달콤한 샐러드 소스는 엄밀하게 말해서 식초와 식용유가 완전히 혼합된 것이라고 보긴 어렵다. 화학자의 표현을 빌리자면 안정적인 혼합이 아니라는 말이지. 시간이 지나면 식초와 식용유는 다시 분리되고 만단다. 그런데 식용유를 다른 액체와 결합시켜 주는 물질이 하나 있어. 말하자면 일종의 접착제 구실을 하는 것인데 바로 달걀이야. 식용유와 달걀 그리고 레몬즙을 섞어서 만들 수 있는, 세상에서 제일 맛있는 게 뭐지?"

삼총사 중 누구도 답을 알지 못했다.

"마요네즈란다. 감미료나 화학 첨가물을 넣지 않고 직접 만든 마요네즈에 감자튀김을 찍어 먹으면 기막히게 맛있지."

배배가 군침을 삼키며 물었다.

"진짜 재미있는 실험이 될 것 같은데 지금 만들어 보면 안 될까요?"

"아니. 지금은 시간이 없다. 케이크를 계속 만들어야 하잖니. 하지만 만드는 법을 적어 줄 테니 집에 가서 혼자 해 보렴."

로자 아줌마는 실망한 표정의 배배를 달랬다.

"도움이 필요하면 내가……"

차차도 한마디 거들었다.

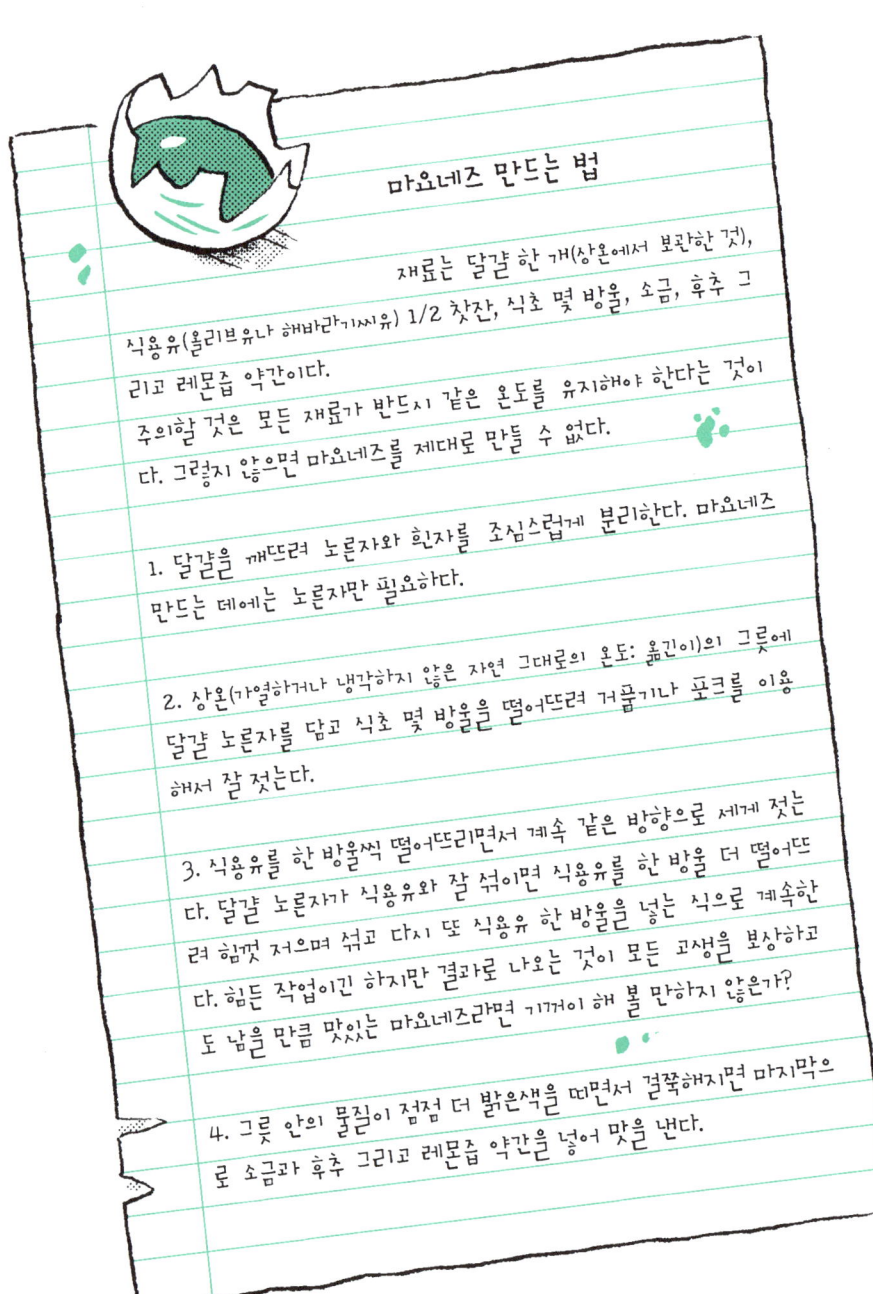

마요네즈 만드는 법

재료는 달걀 한 개(상온에서 보관한 것), 식용유(올리브유나 해바라기씨유) 1/2 찻잔, 식초 몇 방울, 소금, 후추 그리고 레몬즙 약간이다.

주의할 것은 모든 재료가 반드시 같은 온도를 유지해야 한다는 것이다. 그렇지 않으면 마요네즈를 제대로 만들 수 없다.

1. 달걀을 깨뜨려 노른자와 흰자를 조심스럽게 분리한다. 마요네즈 만드는 데에는 노른자만 필요하다.

2. 상온(가열하거나 냉각하지 않은 자연 그대로의 온도: 옮긴이)의 그릇에 달걀 노른자를 담고 식초 몇 방울을 떨어뜨려 거품기나 포크를 이용해서 잘 젓는다.

3. 식용유를 한 방울씩 떨어뜨리면서 계속 같은 방향으로 세게 젓는다. 달걀 노른자가 식용유와 잘 섞이면 식용유를 한 방울 더 떨어뜨려 힘껏 저으며 섞고 다시 또 식용유 한 방울을 넣는 식으로 계속한다. 힘든 작업이긴 하지만 결과로 나오는 것이 모든 고생을 보상하고도 남을 만큼 맛있는 마요네즈라면 기꺼이 해 볼 만하지 않은가?

4. 그릇 안의 물질이 점점 더 밝은색을 띠면서 걸쭉해지면 마지막으로 소금과 후추 그리고 레몬즙 약간을 넣어 맛을 낸다.

"난 감자튀김을 가져갈게."

하비도 빠질 수 없었다.

"마요네즈는 어느 슈퍼마켓에서나 구입할 수 있지만 한 번이라도 직접 만들어 보면 손수 만든 크림빛 소스의 맛을 따라올 만한 제품이 없다는 걸 알게 되지. 집에서 만든 건 파는 것보다 좀 더 노르스름하고 보통은 단맛이 약간 덜하단다. 건강에 좋은 재료만 사용하니 건강식품이라고 해야겠지. 그렇다고 너무 많이 먹는 건 좋지 않다."

아줌마는 배배를 향해 윙크를 하더니 말을 계속했다.

"마요네즈는 신선한 달걀로 만들기 때문에 오래가지 않아. 그러니 만들어서 바로 냉장고에 보관하고 적어도 이틀날까지는 다 먹는 게 좋다."

아줌마는 케이크 반죽을 젓는 동안 잠시 말을 멈추었다가 다시 말을 이었다.

"그런데 너희들 알고 있니? 마요네즈로 만들 수 있는 건 아주 많단다. 마요네즈에 겨자를 조금 넣으면 구운 소시지에 발라 먹을 수 있는 매콤한 소스가 되지. 그리고

토마토케첩을 섞으면 감자튀김 먹을 때 곁들일 수 있는 최고로 맛있는 소스가 된다. 유명한 아이올리 소스도 마요네즈에 마늘을 넣어서 만든 소스란다. 정말 맛이 기막히지! 다음 날까지 입에서 마늘 냄새가 나는 것이 흠이긴 하다만."

　아줌마의 말을 듣는 동안 배배와 하비 그리고 차차는 머릿속에 맛있는 음식들이 떠올라 꿈꾸는 듯한 표정을 지었다.

4장
이건 마술이 아니라 화학이야

일곱 번째 문제
건포도를 구해 줘!

"자, 이제 반죽이 거의 완성되었구나."

아줌마의 말에 꿈속을 헤매던 삼총사는 현실로 돌아왔다.

"그런데 너희도 보다시피 반죽이 그릇 안에 무겁게 축 처져 있다. 맛있는 케이크를 만들려면 이 반죽을 살려 낼 뭔가가 필요하지. 그게 무언지 짐작이 가니?"

"양손으로 반죽을 쥐고 공중에서 빙빙 돌려야 하는 것 아닐까요? 피자 만드는 아저씨 보니까 늘 그렇게 하던데요."

먹을 것에 관한 한 둘째가라면 서러울 배배가 가장 먼저 대답했다.

"아니면 펌프로 공기를 불어 넣거나요."

하비가 고개를 갸우뚱하면서 제안했다.

"헛소리 작작 해!"

하비가 말을 마치자마자 차차가 소리쳤다.

아줌마가 얼른 손을 홰홰 저으면서 끼어들었다.

"헛소리가 아니다. 맛있는 케이크를 얻으려면 반죽에 작은

기포들이 반드시 들어 있어야 하는걸. 하지만 공기 펌프로는 안 되지. 우리에게 필요한 건……?"

"화학이요!"

배배가 의기양양한 목소리로 외쳤다.

"맞다. 폭신폭신한 케이크를 만들려면 반죽이 잘 부풀어 올라야 해. 그래서 반죽을 부풀게 해 줄 기포들이 아주 많이 필요하단다."

"하지만 기포들은 굉장히 작은데 그런 작용을 한다고요?"

배배는 믿을 수 없는지 큰 소리로 물었다.

"그럼! 기포들이 작다고 해서 무시하지 마렴. 작은 기포가 얼마나 대단한 일을 할 수 있는지 지금부터 내가 보여 주마."

로자 아줌마는 빈 유리병을 가져와 물을 가득 붓고 지난번에 케이크 구울 때 쓰고 남았던 건포도 몇 알을 집어넣었다. 건포도는 곧바로 바닥에 가라앉았다.

"이제 건포도를 꺼내려면 잠수부 역할을 할 만한 것이 있어야겠구나. 어떻게 하면 건포도를 떠오르게 만들 수 있을까. 혹시 생각나는 방법 있니?"

아줌마가 삼총사를 둘러보며 물었으나 다들 아무런 대꾸가 없었다.

"다른 것으로 실험을 해 볼까."

아줌마는 냉장고에서 탄산수 한 병을 꺼냈다.

"자, 내가 여기에 건포도 몇 알을 집어넣으면 어떻게 될 것 같으냐?"

"보나 마나 그것들도 가라앉겠죠. 탄산수도 물이잖아요."

배배가 대답했다.

 과연 배배의 말처럼 탄산수에 넣은 건포도도 바닥에 가라앉을까? 정답은 115쪽에.

여덟 번째 문제

베이킹파우더로 풍선을 불 수 있다고?

"이 가스는 실제로 무척 힘이 세단다. 물병 바닥에 가라앉아 있는 건포도를 떠오르게 할 수 있을 뿐만 아니라 딱딱한 반죽을 말랑말랑해지게 만들기도 하지."

삼총사는 감탄했다. 하지만 무슨 수로 반죽 안에 가스를 집어넣는단 말인가? 콜라나 사이다를 반죽에 섞을 수도 없는 노릇인데.

"베이킹파우더에 대해서는 들어 본 적 있지?"

로자 아줌마는 삼총사에게 물었다.

"물론이죠. 그리고 그게 무슨 작용을 하는지 항상 궁금했어요."

하비가 대답했다.

"이제 알게 될 거다. 베이킹파우더는 그야말로 대단한 힘을 갖고 있는 가루거든…… 그런데 너희 가운데 누가 내기를 좋아하지?"

"저요! 내기라면 아무도 절 따라올 수 없을걸요."

55

하비는 잔뜩 뻐기는 표정으로 대답하고는 자신 있다는 듯 두 손을 마주 비볐다.

"그래, 그럼 내가 지금 내려고 하는 문제가 너한테는 전혀 어렵지 않겠구나."

아줌마는 고개를 끄덕이면서 주방에 있는 서랍장 안을 뒤지더니 이내 무언가를 집어 들었다. 아줌마가 손에 쥔 것은 빨간 고무풍선이었다.

"이게 여기 있었네! 자, 하비야, 입김을 전혀 불어넣지 않고도 베이킹파우더로 이 풍선을 불 수 있단다. 내가 할 수 있을지 없을지 내기하는 거다."

하비의 얼굴이 갑자기 로자 아줌마가 레몬 케이크 반죽에 썼던 밀가루만큼이나 하얗게 질렸다.

"에……"

하비는 적당한 대답이 떠오르지 않는지 더듬거렸다.

"좋아, 힌트를 하나 주마. 정확하게 말하면 베이킹파우더만 가지고 그렇게 할 수 있는 건 아니다. 필요한 게 더 있지. 그런데 그게 뭘 것 같으냐? 유리병일까, 탄산수일까 아니면 식초일까?"

아줌마는 기대에 찬 표정으로 하비를 바라보았다.

하비의 얼굴빛이 서서히 원래대로 돌아왔다. 답을 알 것 같았기 때문이다.

 로자 아줌마가 어떤 방법으로 풍선을 불려고 하는지 짐작이 가는가? 정답은 116쪽에.

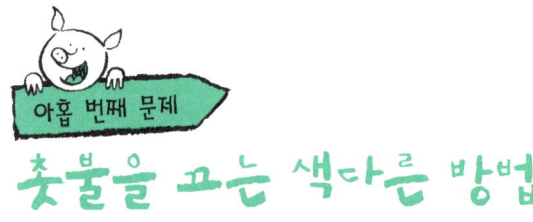

촛불을 끄는 색다른 방법

하비는 무척 자랑스러운 모양이었다. 자기가 얼마나 영리한 꼬마 돼지인지 증명했으니 그럴 만도 하지 않은가!

"어떠냐, 내가 너희한테 한 말이 허풍이 아니지? 이렇게 작은 봉지 안에 들어 있는 베이킹파우더가 가지고 있는 힘은 정말 대단하단다. 자, 보여 줄 게 더 있다. 분명히 너희들 마음에 들 거다."

로자 아줌마는 무척 신이 난 얼굴이었다. 아줌마는 빈 병 하나를 가져와 베이킹파우더를 담더니 테이블 위에 놓았다. 그러고는 작은 컵에 식초(레몬즙으로 해도 된다)를 따라 병에 붓더니 얼른 병 입구를 코르크 마개로 막았다. 아니나 다를까 베이킹파우더가 거품을 일으키며 끓어오르더니, 잠시 후 코르크 마개가 '펑!' 소리와 함께 튀어나왔다. 그 광경은 새해 전날 밤 꼬마 돼지의 부모들이 환호성을 지르면서 샴페인을 터뜨리던 때를 연상시켰다.

"우아!"

차차가 감탄한 표정으로 소리를 질렀다.
"이걸로 재미있는 장난을 칠 수 있겠다."
"그래! '펑' 하고 터뜨려 애들을 놀래 주자!"
배배도 흥분한 얼굴로 고함을 쳤다.
"근사해요!"
차차는 로자 아줌마를 보며 활짝 웃었다.
"화학이라는 게 정말 멋지네요!"
하비도 맞장구쳤다.
"그렇고말고. 하지만 이제 그만! 우리가 케이크를 만들던 중이라는 걸 잊은 건 아니겠지."
아줌마는 돼지 삼총사의 흥분을 가라앉히려는 듯 따끔하게 지적했다.
"반죽에 베이킹파우더를 넣은 다음에는 반죽을 잠시 쉬게 해야 한다."

"반죽도 피곤해서 쉬어야 하나요? 아빠가 항상 '천 걸음을 걷고 싶다면 그 전에 반드시 충분한 휴식을 취해야 한다'고 말씀하시는 것처럼요?"

배배가 의아하다는 듯 물었다.

"아니, 반죽을 잠깐 그대로 둔다는 뜻이야. 반죽이 쉬는 동안 그 안에 작은 기포들이 많이 생겨서 말랑말랑해진단다. 참, 그러고 보니 탄산가스는 여러 가지 일을 한단다. 이 가스는 훌륭한 소방관 역할도 하지."

"가스가 불을 끄는 일을 한다고요?"

차차가 믿어지지 않는다는 얼굴로 물었다.

"잘 보렴. 여기 찻주전자를 데울 때 쓰는 작은 양초가 있다. 이 양초를 크고 야트막한 유리병 바닥에 내려놓고 양초 둘레에 베이킹파우더를 골고루 뿌리는 거다. 그 다음에 양초에 불을 붙이고 나서 양초 주변의 베이킹파우더에 조심스럽게 식초를 떨어뜨려 볼까. 양초에 닿지 않도록 조심해야 한다! 자, 이제 무슨 일이 일어나는지 지켜보도록 하자."

돼지 삼총사는 타고 있는 양초에서 잠시도 시선을 떼지 않은 채 기다렸다.

 정말로 촛불이 꺼질까? 답은 117쪽에.

5장
달콤짭조름한 실험

설탕과 소금 구별하기

갑자기 아줌마가 또 손바닥으로 이마를 탁 쳤다.
"이걸 어째! 반죽에 설탕 넣는 걸 깜빡했네!"
"너무 열심히 화학을 가르치시는 바람에!"
하비가 낄낄거렸다.
"몇 가지 가르친 게 있긴 하지. 케이크에 설탕이 빠진 것보다 더 곤란한 경우는 딱 한 가지 밖에 없는데, 그건 바로……"
"잘못해서 설탕 대신 소금을 넣은 경우죠."
똑똑한 차차가 잽싸게 대꾸했다.
"그래. 실제로 나한테도 딱 한 번 그런 일이 있었단다. 자, 누가 설탕과 소금을 구별하는 방법을 알고 있지?"
"그걸 누가 몰라요! 맛을 보면 되잖아요."
"겉봉에 씌어 있는걸요!"
배배와 차차가 동시에 소리쳤다.
"좋다, 그렇다면 겉봉 없이 그냥 접시에 놓여 있는 상태에서 구별하는 방법을 말해 보렴. 맛을 보아서도 안 되고 손으로 만지는 것도 안 된다. 너희들처럼 영리한 꼬마 돼지들이 설마 답을 모르는 건 아니겠지?"

아줌마는 슬슬 악을 올리는 어조로 물었다.

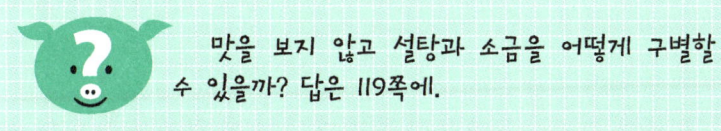
맛을 보지 않고 설탕과 소금을 어떻게 구별할 수 있을까? 답은 119쪽에.

맛보지 않고 알 수 있을까?

"훌륭한 요리사나 훌륭한 화학자는 눈이 좋아야 한다는 걸 알겠지? 정확한 관찰만으로도 많은 걸 알아낼 수가 있단다. 그렇지만 전부는 아니지. 이제부터 내가 하는 걸 잘 보고 나중에 어떤 컵에 넣은 것이 설탕이고 어떤 컵에 넣은 것이 소금인지 말해 보렴."

로자 아줌마는 똑같이 생긴 유리컵 두 개를 주방 테이블 위에 올려놓고 컵 두 개에 물을 가득 부었다. 그러고는 내용물이 보이지 않는 두 개의 통에서 각각 티스푼으로 하나씩 하얀 가루를 떠서 컵 두 개에 나누어 넣은 다음 하얀 가루가 물에 녹을 때까지 기다렸다. 놀랍게도 어떤 컵도 가득 부은 물이 넘쳐 흐르거나 하지는 않았다.

"너희 생각엔 물이 컵 밖으로 넘치기 전까지 내가 앞으로 몇 번이나 더 이 가루들을 떠 넣을 수 있을 것 같니?"

아줌마는 삼총사를 번갈아 보며 물었다.

"한두 번 정도는 괜찮을 것 같은데요."

하비가 잠시 생각해 보더니 말했다.
"하지만 그 이상은 분명히 안 될 거예요."
차차가 동의했다.
"그래? 그럼 내가 넣는 것이 설탕이든 소금이든 상관없이 결과는 같다고 생각하니?"
"그럼요. 티스푼으로 뜰 수 있는 양은 똑같잖아요."
이번에는 배배가 대답했다.
그런데 정말 희한한 일이 일어났다. 첫 번째 컵은 하얀 가루를 서너 번 더 넣자 넘쳐흐른 반면 두 번째 컵은 아줌마가 다른 하얀 가루를 첫 번째 컵에 들어간 분량의 거의 네 배가 될 때까지 넣고 나서야 비로소 넘쳐흘렀다.

"자, 이제 훌륭한 가정주부라면 누구라도 어떤 것이 설탕물이고 어떤 것이 소금물인지 말할 수 있단다. 그럼 너희들은 어떻지?"

"우리도 말할 수 있어요."

하비는 말을 마치자마자 컵 하나에 있는 물을 찍어 맛을 보았다.

"에이, 짜! 이건 소금물이에요."

하비처럼 직접 맛을 보지 않고도 어느 것이 설탕물이고 어느 것이 소금물인지 알아맞힐 수는 없는 걸까? 정답은 122쪽에.

열두 번째 문제

소금은 어디에서 왔는가

"주방에서 가장 중요한 양념인 소금과 설탕에 대해서 기본 지식은 조금 얻은 것 같구나. 그런데 소금은 어디에서 왔을까? 너희 중에 누가 말해 볼래?"

"봉지에서 나왔죠."

우스갯소리의 대가 차차가 재빨리 나섰다.

"그리고 그 봉지는 트루디 아줌마네 가게에서 왔고요."

"무슨 소리! 석탄이나 금을 캐듯이 소금 광산에서 캐는 거야. 진짜 힘든 노동이라고!"

하비가 차차에게 말했다.

"말도 안 되는 소리 마. 바닷물이 완전히 소금물이잖아. 바닷물을

건조시키면 소금이 나오는 거야. 정말 간단해."

배배가 하비의 말을 반박했다.

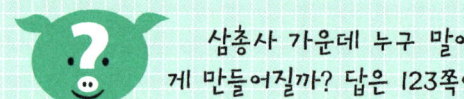
삼총사 가운데 누구 말이 맞을까? 소금은 어떻게 만들어질까? 답은 123쪽에.

열세 번째 문제
소금아 나와라, 얍!

로자 아줌마는 삼총사에게 간단한 실험을 하도록 했다. 아줌마는 컵 세 개에 물을 담은 뒤 꽤 많은 양의 소금을 넣고 소금이 완전히 녹을 때까지 힘껏 저었다.

"자, 이제 각자 물에 녹은 소금을 어떻게 다시 나타나게 할지 궁리해 보렴. 그동안 나는 케이크에 끼얹을 코팅(겉면에 얇은 막처럼 씌우는 것: 옮긴이) 재료를 만들어야겠다."

아줌마는 삼총사에게 소금물이 든 컵을 하나씩 건넸다.

"주방 안에 있는 건 뭐든지 사용해도 되나요?"

차차가 물었다.

"물론이지. 하지만 꽃 그림이 있는 식기는 절대 건드리면 안 된다!"

아줌마는 엄격한 얼굴로 삼총사에게 주의를 주었다.

아줌마의 말이 끝나기가 무섭게 삼총사는 각자 필요한 것을 찾기 위해 빠른 동작으로 흩어졌다. 차차는 체를 가져와 커피 내릴 때 쓰는 종이 필터를 여러 겹 깔고는 컵 안의 소금물을 조심스럽게 따랐다.

하비가 생각해 낸 방법은 달랐다. 하비는 프라이팬에 조심스럽게 소금물을 부은 다음 불 위에 올려놓았다. 그리고는 불꽃을 가장 센 상태로 조절했다.

배배만 아무것도 하지 않은 채 컵을 눈앞에 놓고는 물끄러미 바라보기만 했다.

"야, 뚱보, 너도 뭔가 해야 하지 않냐? 실험하라고 했지, 명상하라고 했냐고!"

하비가 못마땅한 얼굴로 배배에게 말했다.

"기다리는 거야. 언젠간 소금이 바닥에 가라앉을 테니까. 그때 위에 있는 맹물을 살살 마시는 거야. 그럼 '짠' 하고 소금이 나타나는 거지!"

> 정말 그렇게 될까? 삼총사 가운데 한 명이라도 소금을 얻을 수 있을까? 정답은 123쪽에.

열네 번째 문제
털실이 소금을 머금게 된 사연

"방금 전에 사라졌던 것이 갑자기 다시 나타나다니, 작은 기적이라고 해야겠구나."

로자 아줌마가 흐뭇한 표정으로 말했다.

"그래서 예전에는 사람들이 화학자를 마술사라고 여기기도 했었지."

"우리 돼지들도 그렇게 생각했나요?"

하비가 물었다.

"아니. 우리 돼지들은 과학이 마술이 아니라는 걸 항상 알고 있었단다. 너희에게 알려 줄 흥미로운 실험이 한 가지 더 있다. 이건 나중에 집에서 해 보렴. 시간이 아주 많이 걸리거든. 하긴 실험을 하지 않고도 어떤 일이 일어날지 짐작할 수 있겠다. 잘 생각해 본다면 말이다."

아줌마는 말을 마치더니 컵 두 개에 물을 담아서 테이블 위에 한 뼘 정도 사이를 두고 나란히 내려놓았다. 그러고는 양쪽 컵에 모두 소금을 꽤 많이 – 찻잔 하나 가득 정도 – 쏟고는 털실을 가져와 한쪽 끝이 컵 하나에 잠기게 한 다음 다른 쪽 끝을 당겨 옆에 있는 컵의 소금물에 담갔다.

"자, 이제 하루 이틀 정도 기다리면 무슨 일이 일어날 것 같으냐?"

아줌마가 삼총사를 빙 둘러보며 물었다.

삼총사는 열심히 생각해 보았다. 작은 회색 뇌세포가 바쁘게 움직이는 소리가 들릴 지경이었다.

하비가 말했다.

"털실이 소금물에 빠져서 녹는 건 아닐까요?"

다음은 배배 차례였다.

"털실이 소금물을 빨아들여 무거워져서 테이블 위로 떨어질 걸요."

마지막으로 차차가 싱긋 웃으며 한마디 덧붙였다.

"어쨌든 테이블이 엄청 더러워지겠죠."

 정말로 어떤 일이 일어나게 될까? 답은 124쪽에

아주 달콤한 실험

"다들 이젠 소금으로 무얼 할 수 있는지, 소금이 어디에서 나오는지 알았지? 그럼 설탕은 어디에서 나올까?"

로자 아줌마가 물었다.

"너희 먹보들 식성을 감안할 때 짠 것보다는 단 것에 구미가 당길 것 같은데."

이번에도 차차가 가장 먼저 익살맞은 대꾸로 답을 대신했다.

"설탕 그릇에서 나오죠."

하비와 배배는 어처구니없다는 듯 눈을 굴렸다. 정말 못 말린다!

"사탕무에서요."

"사탕수수에서요!"

하비와 배배가 거의 동시에 외쳤다.

"둘 다 맞는 말이다. 그런데 설탕을 얻는 건 소금을 얻는 것보다 조금 더 까다롭단다. 설탕, 즉 당은 단맛이 나는 모든 성분을 일컫는 말인데 자연에서 자라는 식물 가운데 주로 두 가

지 식물, 거의 전 세계에서 재배되는 사탕무와 열대 지방에서만 자라는 사탕수수에 들어 있어. 이 두 식물을 꽉 눌러서 즙이 나오게 한 다음 열을 가하여 수분을 증발시키면 설탕이 남는단다. 일단 설탕을 얻는 데 성공하면 그걸로 여러 가지 근사한 걸 만들 수 있지. 소금으로 만들 수 있는 건 뭐든지 설탕으로도 만들 수 있다고 생각하면 될 거다. 그리고 설탕으로 만든 게 소금으로 만든 것보다 보기도 좋고 맛도 좋아. 음…… 실험 삼아 설탕 막대를 만들 수 있겠구나."

로자 아줌마는 냄비 한 개를 가져다 물을 붓고 따뜻하게 데운 뒤 설탕을 풀었다. 찬물보다 따뜻한 물에 설탕을 더 많이 녹일 수 있기 때문이다. 설탕이 더 이상 녹지 않자 아줌마는 설탕물을 잠깐 끓이더니 길쭉한 잔에 따랐다. 그리고 잔 위에 나무젓가락 한 개를 가로로 걸쳐 놓은 다음 그 젓가락 한가운데에 다른 나무젓가락을 십자로 세워 묶어서 끝이 잔 바닥에 닿을락말락하도록 설탕물에 담갔다.

"자, 내일까지 이대로 둘 거다. 집에 가서 똑같이 한번 해 보렴. 깜짝 놀랄 결과가 기다리고 있을 테니."

아줌마는 삼총사를 둘러보며 빙그레 미소를 지었다.

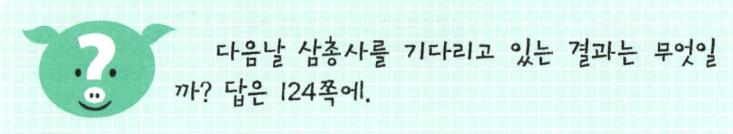
다음날 삼총사를 기다리고 있는 결과는 무엇일까? 답은 124쪽에.

좀 더 깊은 맛을 보여 주겠어!

꼬마 곰 젤리의 변신은 무죄

어디선가 또다시 '꾸르륵' 소리가 크게 울려 퍼졌다.

"달콤하고 맛있는 것들 얘기를 조금만 더 하다간 정말로 돌아 버릴 것 같아!"

배배가 징징거렸다.

로자 아줌마는 그런 모습이 조금 안쓰러웠던지 배배를 향해 말했다.

"저쪽에 있는 찬장 서랍을 열어 보렴. 꼬마 곰 젤리 한 봉지

가 들어 있을 거다."

잽싸게 찬장이 있는 쪽으로 간 배배가 부스럭거리다가 환호성을 질렀다. 곧이어 쩝쩝거리는 소리가 들리더니 잠시 후 배배가 의아해 하는 목소리로 물었다.

"어, 근데 이게 뭐죠?"

아줌마가 몸을 돌렸다. 배배는 커다란 곰 모양 젤리가 담긴 컵을 높이 치켜들었다.

"아차, 그걸 치운다고 생각해 놓고 깜빡했네. 어제 잘못해서 꼬마 곰 젤리 하나를 물이 들어 있는 컵에 빠뜨렸거든."

"진짜 이상하게 부푼 것처럼 보이네요. 물속에 들어 있어서 우리 눈이 착각을 일으키는 건가요?"

하비가 고개를 갸우뚱하며 물었다.

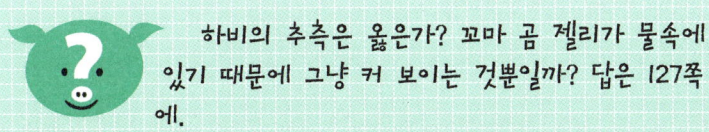
하비의 추측은 옳은가? 꼬마 곰 젤리가 물속에 있기 때문에 그냥 커 보이는 것뿐일까? 답은 127쪽에.

맛의 종류는 몇 가지일까?

"훌륭한 화학자는 모름지기 훌륭한 요리사라야만 한단다. 그리고 그 반대도 마찬가지지. 훌륭한 요리사는 훌륭한 화학자여야 한다. 왜냐하면 둘 다 좋은 시력과 날카로운 후각 그리고 예민한 미각이 필요하거든. 그런 게 없으면 재료들을 구별해 낼 수가 없지. 어떤 것이 독성이 있는지 아닌지도 맛으로 알 수가 있다. 소금과 설탕을 맛으로 구별할 수 있는 것처럼 말이다."

"생크림과 면도 크림처럼요."

배배가 한마디 거들었다.

"그래. 그 모든 걸 우리 혀가 하는 거지. 혀에는 우리가 먹는 것들을 몇 가지 맛으로 구별해서 느끼게 하는 부위가 있단다. 그럼 내가 물어 보마. 우리가 혀로 맛볼 수 있는 것은 몇 가지나 될 것 같으냐?"

당연히 먹보인 배배가 첫 번째로 답을 말했다.

"쉬운 문제네요. 초콜릿 맛, 바닐라 맛, 땅콩 맛, 딸기 맛, 바나나 맛……"

"레몬 맛이나 호두 맛도 빼먹을 수 없지."

차차가 말을 받았다. 그 두 가지가 차차가 가장 좋아하는 맛의 아이스크림이었기 때문이다.

"이 한심한 먹보들아!"

둘 사이에 오가는 말을 듣고 있던 하비가 답답하다는 듯 끼어들었다.

"아줌마가 물어 보신 건 완전히 다른 거야. 아이스크림 맛의 종류를 말씀하시는 게 아니라고. 맛의 종류에 뭐가 있더라…… 단맛, 신맛, 약간 매운맛, 아주 매운맛, 구역질 나는 맛 그리고 끈적끈적한 맛……"

하비가 말한 것도 로자 아줌마의 질문에 대한 바른 답이 아니다. 우리 혀가 느낄 수 있는 맛의 종류는 몇 가지나 될까? 정답은 128쪽에.

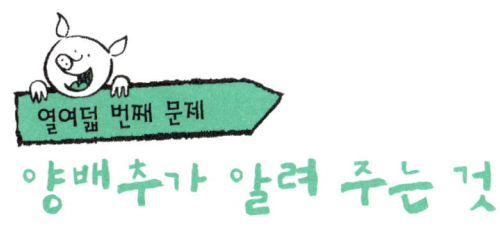

양배추가 알려 주는 것

"이제 맛의 종류와 아이스크림 종류는 아무런 상관도 없다는 걸 알겠지? 우리 혀가 감지하는 맛의 종류에서 단맛 못지않게 아주 중요한 것으로 신맛을 꼽을 수 있단다. 신맛이 나는 물질을 산이라고 하는데 요리에서나 화학에서 엄청나게 중요한 거란다. 산의 종류를 한 가지라도 말할 수 있겠니?"

"레몬즙이요."

차차가 말했다.

"식초요."

하비의 대답이었다.

"양배추 절임의 국물이요."

배배가 대답을 하면서 생각만 해도 신맛이 느껴지는지 온몸을 부르르 떨었다.

"어떤 액체가 산성인지 아닌지 알려면 어떻게 해야 할까?"

로자 아줌마가 물었다.

"아주 간단해요. 손에 묻혀서 맛을 보면 되잖아요."

배배가 얼른 대꾸했다.

"레몬즙이나 식초의 경우에는 그렇게 해도 되겠지만 어떤 종류의 산에는 손을 집어넣으면 안 된다. 맛을 보는 건 더 위험하고. 금속을 녹일 정도로 강력한 산도 있거든. 다행히 우리 돼지들은 산을 구별할 수 있는 도구를 고안해 냈지."

아줌마는 말을 끝맺으면서 붉은색과 푸른색이 섞인 공 모양의 물체를 들어 올렸다. 크기가 배배의 머리통만 했다.

"이게 무언지 아니?"

"에이, 우리 할머니가 항상 삶아서 주시는 맛없는 채소네요. 부엌에 여전히 그 냄새가 배어 있어요. 그걸 월계수 잎이랑 월귤나무 열매랑 같이 먹으라고 하신다고요."

"이 붉은 양배추는 우리한테 알려 준단다. 어떤 물질이 산성을 띠는지 아니면……"

"……아니면 단것인지요!"

아줌마 말이 채 끝나기도 전에 배배가 소리쳤다.

"아니다. 화학에서 산 혹은 신맛의 반대는 단맛이 아니라 '염기'라고 하는데 아주 자극성이 강하단다. 알칼리라고 부르기도 하지. 세탁하는 날 경험해 보았을 거다. 비눗물이 눈에 들어가면 눈이 쓰라리지 않던? 비눗물보다 염기나 알칼리성이 더 강한 것도 있는데 그런 건 우리 예민한 돼지 피부를 망가뜨리지. 그러니 산과 알칼리에 접촉하지 않도록 각별히 조심해야 한다!"

로자 아줌마는 정색한 얼굴로 삼총사에게 주의를 주었다.

"아! 그러니까 이 양배추가 어떤 것이 산인지 아니면 알칼리인지 알려 준단 말씀이죠? 어떻게요?"

하비는 신기하다는 듯 양배추를 바라보았다.

> 하비는 정말로 짐작이 안 갔다. 양배추가 어떻게 산과 염기를 구분하는지, 그리고 집에서 어떤 실험을 할 수 있는지 궁금하다면 129쪽을 볼 것.

열아홉 번째 문제
식초가 할 수 있는 일은?

"그런데 도대체 산과 알칼리는 어디에 필요한 거죠?"

하비가 물었다.

"음…… 알칼리는 예를 들어 청소하는 데 쓸 수 있지. 세제 대신 베이킹파우더로 접시를 닦아 보렴. 아주 잘 닦인단다. 비누로 세수를 하면 피부가 매끈해지는 것도 비누의 염기성이 단백질의 일종인 피부의 각질을 부식시키기 때문이야. 그리고 녹이 슨 구리 동전을 식초에 담가 두면 완전히 새것으로 변하게 된단다. 식초의 산 성분 때문이지. 삶은 달걀을 식초에 담근 다음에 어떻게 되나 기다려 볼까. 기다리는 동안 무슨 일이 일어날지 짐작해 보렴."

책장을 넘겨 정답을 보기 전에 혼자서 생각해 볼 것. 답은 131쪽에.

스무 번째 문제
알록달록 달걀 물들이기

"어, 잠깐만!"

갑자기 하비가 깜짝 놀란 목소리로 외쳤다.

"아까 여기 들어왔을 때만 해도 이 꽃이 하얀색이었는데. 내가 분명히 기억해. 완전히 마술이다!"

"내가 아까 붉은 양배추 즙을 탄 물이 남아 있길래 그걸 꽃병에 부었더니 엄청 화가 나서 이렇게 됐나 봐."

배배가 짓궂게 씩 웃더니 말했다. 로자 아줌마는 큰 소리로 웃었다.

"화가 나서 그렇게 된 건 아닐 게다. 하지만 따지고 보면 배배 말이 맞다. 줄기로 붉은색 물을 빨아들여 하얀색 꽃잎이 붉은색으로 물들게 된 거니까. 이런 일은 주방에서나 실험실에서나 흔히 볼 수 있는 현상

이지. 색깔이 달라지는 것 말이다. 그리고 물들이는 데 가장 좋은 건 역시 천연염료란다. 붉은 사탕무 즙이 옷에 튀면 여간해선 지워지지 않는 걸 알고 있지?"

"그거라면 제가 잘 알고 있어요. 하필이면 새로 산 스웨터에 그 즙이 묻어서 얼룩이 생겼거든요."

배배가 한숨을 쉬며 대꾸했다.

아줌마는 안됐다는 듯 배배를 향해 고개를 두어 번 끄덕이고 나서 말을 계속했다.

"부활절 달걀도 천연염료로 물들일 수 있지. 인공 염료를 사용하는 것보다는 시간이 더 걸리긴 하지만 훨씬 더 예쁘게 물든 달걀을 얻을 수 있단다. 우리 돼지 화학자들은 절대로 사다 쓰는 염료 따위로 부활절 달걀을 물들이지 않는단다. 뭐든지 직접 만들어서 쓰지. 날달걀 상태로 속을 비워서 쓰건 아니면 삶은 달걀로 만들건 잊지 말아야 할 것은 반드시 식초를 탄 물로 껍질을 깨끗하게 닦아 내야 한다는 점이다. 그래야만 물이 잘 들지. 참고로 한마디 덧붙이면 놓아기른 닭에서 얻은 달걀이 양계장에서 나온 것보다 껍질이 더 두껍고 힘이 있어 부활절 달걀로 물들이기에 알맞단다. 주방이나 자연에서 염료가 될 만한 것들이 얼마나 많은지 너희는 짐작도 못 할 거다. 정말 여러 가지를 물들이는 데 쓰일 수가 있지. 붉은 사탕무, 붉은 양배추, 감자, 차……"

> 원하는 색깔이 무엇인가에 따라 염료로 선택할 재료가 달라진다. 자세히 알고 싶다면 132쪽을 볼 것.

스물한 번째 문제
꽃의 색을 바꿔 볼까?

차차는 창가에 놓여 있는 꽃병에 하얀 카네이션 몇 송이가 꽂혀 있는 것을 발견했다.

"우리 꽃을 물들여 볼래? 앞으로 이걸 취미로 삼을까 봐."

차차는 신이 나서 하비와 배배에게 제안을 했다.

"그렇다면 해 볼 실험이 한 가지 더 있다."

아줌마가 차차에게 잠깐 기다리라는 신호를 보냈다.

그러고는 꽃병에서 하얀 카네이션 한 송이를 꺼내더니 날카로운 칼을 가져다가 줄기를 세로로 길게 갈랐다. 카네이션에 줄기가 둘 달린 것처럼 보였다. 아줌마는 찬장에서 길쭉한 유리잔 두 개를 가져다가 나란히 놓고는 양쪽 컵에 꽃의 줄기가 하나씩 들어가게 집어넣었다. 그 다음에 왼쪽 컵에는 붉은색 물을 그리고 오른쪽 컵에는 푸른색 물을 각각 부었다.

"자, 이제 무슨 일이 생길지 알아맞혀 보렴!"

아줌마는 어리둥절한 얼굴을 하고 있는 꼬마 돼지들에게 문제를 던졌다.

과연 꽃에는 어떤 변화가 일어날까? 답은 135쪽에.

스물두 번째 문제

검은 사인펜 속에 숨겨진 빛깔들

"색깔이란 것이 참 근사하지? 그런데 너희들, 검은색 안에는 여러 가지 다른 색깔이 숨어 있다는 것 알고 있니? 이렇게 평범한 까만 점에도 여러 가지 색깔이 들어 있단다."

아줌마는 종이 위에 검은색 사인펜으로 큰 점을 하나 그리면서 말했다.

"검은색은 그냥 검은색이죠. 그 안에 어떻게 다른 색깔들이 숨어 있단 말씀이세요? 도저히 믿을 수 없어요!"

하비가 큰 소리로 말했다.

"그럼 좋다. 잘 보이게 이번에는 커피 내릴 때 깔때기에 넣는 종이 필터에 그리마."

아줌마는 검은색 사인펜으로 종이 필터에 점을 하나 그리더니 손가락 끝에 물을 묻혀 물 한방울을 까만 점 한가운데에 '톡' 떨어뜨렸다. 종이 필터가 물방울을 빨아들이자 순식간에 까만 점이 사방으로 퍼져 나갔다.

"믿을 수 없어!"

삼총사는 두 눈이 휘둥그레진 채 이구동성으로 소리쳤다.

> 무슨 일이 일어난 걸까? 마술일까? 아니면 이것도 화학일까? 정답은 135쪽에.

스물세 번째 문제

소금이 이길까, 설탕이 이길까?

"자, 드디어 레몬 케이크가 완성되었다!"

로자 아줌마가 피곤한 얼굴로 외쳤다. 왜냐하면 삼총사가 몇 분 동안 신이 나서 주방에 있는 여러 가지 물건을 가져다 갖가지 실험에 몰두했기 때문이다. 주방은 금세 난장판이 되었다.

배배는 꽃이란 꽃을 전부 물들이느라 바빴고, 차차는 붓으로 달걀 껍데기에 식초를 바르고 있었다. 그리고 하비는 소금과 설탕을 사용해서 한창 실험 중이었다. 소금과 설탕을 같은 양만큼 물에 녹이면 어떻게 될까? 아무 맛도 안 나게 될까? 아니면 소금 맛이 좀 더 강하게 날까? 뭐든 궁금하면 직접 해 보아야 한다!

소금과 설탕을 똑같이 넣은 물은 어떤 맛이 날까? 단맛일까 짠맛일까? 아니면 달지도 짜지도 않은 맛? 답은 137쪽에.

7장
최고의 화학 선생님

로자 아줌마는 엉망이 되어 버린 주방 안을 둘러보며 한숨을 푹 쉬었다.

"자, 다들 이제 그만! 케이크 한 조각씩 줄 테니 가지고 어서 여기서 나가거라. 내 실험실, 아니 내 주방을 다 치우려면 오후 내내 청소만 하게 생겼구나."

돼지 삼총사는 아줌마 말이 끝나기가 무섭게 갓 구워 낸 레몬 케이크를 한 조각씩 받아들고는 아줌마에게 얼른 작별 인사를 했다.

"진짜 근사한 실험이었어요! 이제 절대로 화학에 대해서 나쁘게 말하지 않을 거예요!"

차차가 엄숙한 목소리로 선언했다.

"정말 배운 게 많아요. 그중에서도 제일 좋은 건 여기서 배운 것들을 대부분 먹을 수 있다는 거죠. 우리 학교 수업도 이래야 하는데!"

배배가 아쉬워했다.

"축하드려요! 아줌마는 저희가 만나 본 화학 선생님 중에서 단연 최고예요!"

하비의 감사 인사였다.

"내가 너희들의 첫 번째 화학 선생이잖니!"

아줌마는 지친 목소리로 대꾸했다. 그리고 마음속으로 다짐했다. '다시는 이럴 일 없을 테니 너희가 내 마지막 학생이야!'

그런데 아줌마의 주방 서랍 안에는 레시피 하나가 들어 있다. 배배가 가장 좋아하는 간식인 '삼총사 표 달팽이 파이' 만드는 법이다.

정답은 여기에

문제풀이

 첫 번째 문제

도대체 플라스틱 통과 유리구슬로 어떻게 버터를 만들 수 있다는 걸까?

해답을 찾기 전에 먼저 좀 더 간단한 방법을 알아보도록 하자. 유지방(지방 성분이 적어도 35% 이상 함유되어 있는 생크림)을 플라스틱 그릇에 넣고 핸드믹서를 가장 높은 단계로 맞춰 작동시킨다. 유지방이 걸쭉해지면 단계를 가장 낮은 단계로 바꾼 뒤 다시 작동시킨다. 그릇 안에는 점차 흐릿하고 말간 액체와 함께 덩어리가 생기면서 액체(이때 생긴 액체가 바로 버터 우유인데 마셔도 된다!)로부터 분리되기 시작한다. 이제 그 덩어리를 깨끗한 행주로 싼 다음 꼭 쥐어짜서 물기를 없앤다. 이로써 버터 만들기는 끝!

플라스틱 통과 유리구슬을 이용하는 방법은 좀 고된 작업이긴 하지만 팔 근육을 키우는 덴 안성맞춤이다. 통의 절반가량을 유지방으로 채운 뒤 그 안에 유리구슬을 넣고 뚜껑을 꼭 닫는다. 그 다음에 통을 두 손에 쥐고 계속해서 세게 흔든다. 이때 2~3분 간격으로 잠깐씩 쉬는 것이 좋다(그렇게 하면 팔에도 무리가 가지 않는다). 십오 분 정도만 지나면 통 안에 벌써 작은 버터 덩어리들이 생긴다. 그 덩어리들의 물기를 덜어 낸 다음 한데 뭉쳐서 냉장고 안에 집어넣으면 버터가 완성된다. 그런데 어째서 이런 일이 생기는 걸까?

유지방은 지방과 수분이 섞여 있는 물질로 이를 유화액이라고 한다. 지방은 수분에 결코 용해되지 않는다. 따라서 유지방 안에는 아주 작은 지방 방울들이 수분 사이를 헤엄쳐 다니고 있다. 그래서 충분한 시간 동안 계속해서 유지방을 휘저으면 지방 성분과 수분이 분리된다. 지방 성분이 뭉쳐서 버터가 되고 나머지는 버터 우유가 되는 것이다.

로자 아줌마의 도움말
이렇게 만들어진 버터에 소금을 조금 섞어 냉장고에 잠시 넣어 두었다가 빵에 발라 먹으면 정말 맛있다! 물론 배배도 같은 의견이었다.

 두 번째 문제

우유로 접착제를 만드는 법은 결코 간단하지 않다. 하지만 똑똑한 하비는 그 방법을 알아냈다. 우선 우유를 냄비에 붓고 불 위에 올려 우유가 끓을 때까지 가열한다. (이 실험을 해 보고 싶다면 우유를 끓일 때는 부모님께 도움을 청할 것!) 우유가 끓으면 식초를 조금 넣은 다음 잘 젓는다. 그러면 우유가 방울방울 하

얇게 엉겨 붙는다. 이제 접착제 만들기의 성공 여부는 운에 맡기는 수밖에 없다.

하비는 하얀 덩어리들을 건져서 물기를 털어 낸 다음 찬물로 깨끗하게 헹궜다. 그리고 그것을 유리잔에 넣고는 물과 베이킹파우더를 조금씩 섞었다. 얼마나 섞을 것인가는 순전히 마음대로, 그러니까 돼지들이 즐겨 하듯이 기분 내키는 대로다. 다행히도 하비는 감이 있었다! 하긴 실험이라는 말은 그래서 나온 거다. 바라는 결과가 나올 때까지 이것저것 해 보는 것이 곧 실험이니까. 그리고 실험을 하다 보면 기대했던 바로 그 결과가 나오는 일도 종종 있지 않은가!

자, 그럼 우리의 접착제 실험으로 돌아가 보자. 하비는 물과 베이킹파우더를 섞은 하얀 덩어리들을 기포가 없어질 때까지 계속 저었다. 그랬더니 유리잔 안에는 어떤 물질이 생겼는데 만져 보니 엄청 끈적끈적했다. 무슨 일이 일어난 걸까?

하비는 그야말로 우연히 인류 역사상 가장 오래된 접착제를 발견한 것이다. 그것은 다름 아닌 카제인이다. 이번에 반응을 일으킨 것은 우유 안에 있는 지방 성분이 아니라 단백질 성분이다. 단백질은 식초(산)와

만나면 응고되어서 하얀 덩어리가 된다.

　이 덩어리에 베이킹파우더를 섞으면 불필요한 산 성분이 제거되고 끈적끈적한 카제인만 남는다. 이 카제인으로 우리는 종이뿐만 아니라 심지어는 나무도 붙일 수 있다. 물론 자칫하다간 손가락이 서로 달라붙을지도 모른다.

 세 번째 문제

　전혀 어려운 문제가 아니지만 생각이 미치지 않으면 알아맞히기 힘들다. 가는 붓을 우유에 적셔 하얀 종이에 비밀 편지를 쓴다. 우유가 마르는 즉시 글씨는 사라져 보이지 않게 된다. 사라진 글씨를 다시 나타나게 하려면 어떻게 해야 할까?

　사실 배배가 했던 말은 좋은 생각이다. 실제로 레몬즙으로 쓴 글씨와 마찬가지로 우유로 쓴 글씨도 열을 가하면 갈색으로 변해서 읽을 수 있게 된다. 하지만 종이가 변색되지 않게 하려면 다른 방법을 찾아야 하는데, 가장 간단한 방법 중 하나로 후춧가루를 뿌리는 방법이 있다. 곱게 갈아진 후춧가루를 종이 위에 골고루 뿌린 뒤 살살 흔들면 종이 위에 글씨가 나타난다.

　우유로 글씨를 쓰면 잠시 후 우유에 있는 수분은 증발하지만 지방과 단백질 성분은 종이 위에 그대로 남는다. 그중에서도 단백질 성분은 배배가 손으로 만져 직접 확인해 보았듯이

상당히 끈적거린다. 그래서 후춧가루를 뿌리면 후춧가루가 글자에 달라붙어서 보이지 않았던 글씨가 나타나게 되는 것이다.

 네 번째 문제

고대 이집트인들도 이 방법을 알고 있었다! 로자 아줌마는 사과를 반으로 쪼개어 그중 하나에만 베이킹파우더를 묻혔다. 이 반쪽짜리 사과 둘을 일주일 정도 창고 안에 그대로 두고, 베이킹파우더를 묻힌 사과에는 일정한 간격으로 베이킹파우더를 계속 뿌려 주었다. 과연 무슨 일이 일어난 걸까? 베이킹파우더의 주성분인 나트론은 과일에 있는 수분이 빠져나오게 하는 작용을 한다. 아무런 처리도 하지 않은 반쪽짜리 사과 하나가 며칠 지나지 않아 보기 흉한 모습으로 변해 서서히 썩는 반면 베이킹파우더를 바른 사과는 건조된 상태로 원래 모습을 유지한

채 장기간 보관이 가능하다.

고대 이집트인들이 죽은 사람에게 행했던 처리도 이와 같다. 시체에 나트론을 채워 미라 상태로 영구 보존했던 것이다. 참으로 영리하지 않은가?

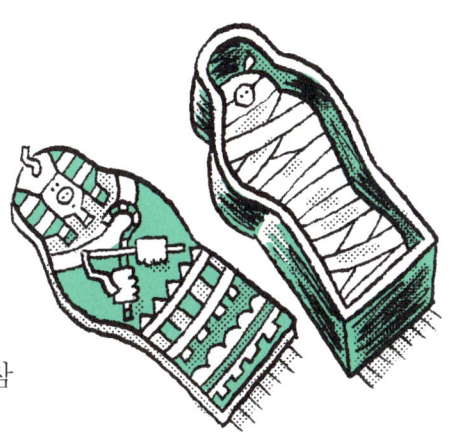

 다섯 번째 문제

우선 삶은 달걀과 날달걀을 구별하는 방법을 알아보기로 하자. 테이블 위에 달걀을 올려놓고 팽이 돌리듯 힘껏 돌린다. 똑바로 선 채로 빙글빙글 돌아가면 의심할 여지없이 삶은 달걀이다. 천천히 돌다가 비틀거리기 시작한다면 그것은 날달걀이다. 이는 삶은 달걀의 내용물이 고체 상태라 팽이처럼 안정적인 회전 운동을 가능하게 해 주는 반면 날달걀은 안에 들어 있는 두 가지 액체(노른자와 흰자)가 서로의 회전 운동을 방해하는 작용을 하기 때문이다. 날달걀과 삶은 달걀을 구별하는 데 성공했다면 이제 남은 것은 날달걀 가운데 신선한 것을 고르는 일이다. 모든 날달걀 안에는 어느 정도의 공기가 들어 있다. 이 공기의 부피는 시간이 지날수록 점점 늘어난다. 왜냐하면 날달걀

속의 수분이 달걀 껍데기를 통해 조금씩 증발하면서 달걀 안에서 공기가 차지하는 부분이 커지기 때문이다. 따라서 신선한 달걀일수록 안에 있는 공기의 양이 적다. 투명하고 길쭉한 그릇에 담은 소금물에 달걀을 조심스럽게 집어넣은 뒤 어떤 일이 일어나는지 살펴보도록 하자.

• **첫 번째 경우:** 바닥에 완전히 가라앉아 옆으로 길게 누운 채로 있다. – 그렇다면 아주 신선한 달걀이다.

• **두 번째 경우:** 바닥에 가라앉긴 하지만 약간 위로 서 있다. – 며칠 된 달걀이다.

• **세 번째 경우:** 바닥에 가라앉지 않고 물속에 수직으로 서 있다. – 2, 3주 된 것으로 가능한 한 빨리 사용해야 한다.

• **네 번째 경우:** 물에 둥둥 떠 있으면서 공기가 있는 둥근 부분이 수면으로 솟아 오른다 – 최소한 두 달은 된 달걀로 더 이상 먹을 수 없다.

달걀의 신선도를 알려주는 원리는 참으로 간단하다. 달걀 속에 공기가 많을수록 달걀을 물에 떠오르게 하는 힘이 커지는 것이다.

로자 아줌마는 날달걀을 모두 소금물에 넣어 보았다. 그 결과 달걀 한 개만 더 이상 먹을 수 없다는 결과를 얻었다. 아줌마는 결과가 맞다는 것을 증명하기 위해서 그 달걀을 그릇에 깨뜨려 삼총사에게 냄새를 맡아 보게 했다.

"우웩! 상한 달걀 냄새가 나요."

배배가 소리치더니 코를 막았다.

"거봐라, 내가 뭐라던. 상해도 아주 많이 상한 달걀이지!"

아줌마가 싱글거리며 대꾸했다.

 여섯 번째 문제

배배가 답을 알아맞힐 수 있었던 것은 여동생들이 항상 배배를 뚱보라고 놀려 댔기 때문이다. 특히 수영장에 놀러 가기라도 하면 여동생들은 번갈아 가며 "오빠, 걱정 마.", "지방은 물에 뜨니까 오빠는 절대로 가라앉을 염려 없어!" 하고 빈정거린다. 지방은 물에 뜬다. 그러니까 식용유도 마찬가지다. 닭고기 수프를 그릇에 담았을 때 기름기가 방울져서 위에 둥둥 떠다니는

걸 보면 그 사실을 알 수 있다. 또는 바다에서 유조선 사고가 발생하면 석유가 바닷물 위에 검은 띠를 그리면서 떠 있는 걸 보더라도 그것을 알 수 있다.

실제로 물과 기름은 섞이지 않는다. 잠시 서로 섞인 것처럼 보일지라도 시간이 지나면 다시 분리되고 만다. 로자 아줌마가 낸 문제에서 무색의 액체가 위에 있으므로 수분을 포함한 버찌 즙과 섞인 것이 물이라는 것을 알 수 있다. 이를 화학으로 간단하게 설명한다면 이렇게 말할 수 있다. 서로 비슷한 성질을 가지고 있는 물질들끼리는 잘 섞인다. 그런데 물과 기름은 성질이 다르므로 서로 섞이지 않는다.

재미있는 실험을 한 가지 더 해 보자. 유리컵 절반 정도 식용유를 담고 나머지는 물로 채운다. 잠시 기다리면 두 액체가 서로 분리되어 일종의 경계가 생긴다. 이때 잉크 몇 방울을 떨어뜨린다. 그럼 어떻게 될까? 처음에는 잉크가 여러 방향으로 퍼지는 것처럼 보이지만 나중에는 작은 구슬과 같은 모양으로 뭉쳐서 서서히 아래쪽으로 가라앉은 뒤 물에 녹는다. 잉크는 기름보다는 물과 비슷한 성질을 띠고 있기 때문이다.

 일곱 번째 문제

탄산수에 넣은 건포도는 가라앉지 않는다. 작은 공기 방울들이 건포도에 달라붙어 건포도가 병 안에서 뱅글뱅글 춤추다가 위로 떠오르게 만들기 때문이다. 하지만 위로 떠오르면 건포도에 달라붙어 있는 공기 방울은 터지고 마는데 그러면 건포도는 다시 아래로 가라앉는다. 건포도 대신에 옥수수 알이나 완두콩으로 실험해 보아도 결과는 같다.

탄산수의 탄산에 있는 작은 공기 방울들은 이산화탄소, 화학식으로는 CO_2라고 적는 가스로 이루어져 있다. 이 이산화탄소는 사람의 몸에서 만들어져 숨을 내쉴 때 나오는―물론 돼지도 마찬가지―가스이기도 하다. 이 가스는 거의 모든 청량음료 안에 들어 있다. 우리가 콜라나 다른 탄산음료를 마실 때 빨대를 꽂으면 빨대가 자꾸 위로 떠오르는 것은 작은 공기 방울들이 빨대 표면에 달라붙어 빨대를 서서히 위로 밀어 올리기 때문이다.

 **여덟 번째 문제**

눈 깜짝할 사이에 가스의 폭발적인 힘을 경험하고 싶다면 베이킹파우더에 식초를 섞으면 된다. 즉시 반응이 나타난다! 로자 아줌마의 힌트를 들은 하비는 이 실험에 필요한 것이 무엇인지 바로 눈치챌 수 있었다. 그것은 다름 아닌 유리병과 식초다. 실험은 다음과 같이 이루어졌다(이것을 따라해 보려면 반드시 부모님의 도움을 받아야 한다): 빈 병에 작은 봉지 하나 정도의 베이킹파우더를 담은 뒤 그 위에 식초를 높이가 1~2 cm 정도 되게 붓고 나서 재빨리 병 주둥이에 풍선을 뒤집어씌운다. 무슨 일이 일어날까?

베이킹파우더와 식초는 서로 닿기가 무섭게 격렬한 반응을 보인다. 이는 거품이 부글부글 끓어오르기 시작하는 것으로 알 수 있다. 그리고 잠시 시간이 지나면 마치 유령이 풍선을 불기라도 하는 것처럼 풍선이 크게 부풀어 오른다.

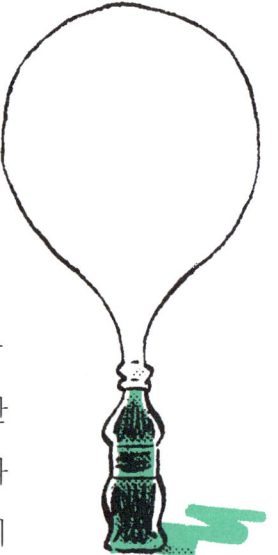

물론 이러한 현상의 배후에 있는 것은 유령도 마술도 아니다. 순전히 화학 작용이다. 풍선을 부풀게 하는 것은 이산화탄소 혹은 탄산가스로 베이킹파우더와 식초가 만나서 발생하는 가스다. 바로 이

러한 성질이 빵을 구울 때 이용되는 원리다. 베이킹파우더와 식초(또는 레몬즙)가 만나서 발생한 탄산가스가 작은 기포들을 만들어 딱딱한 반죽이 부풀어 오르는 것이다. 그래서 완성된 케이크 안을 보면 방울방울 아주 작은 빈 공간들이 있는 것이다. 케이크가 가볍고 부드럽게 구워지는 것도 그 때문이다.

 많은 돼지 요리사들은(그리고 요리하는 사람들도) 빵을 만들 때 베이킹파우더 대신에 효모를 쓴다. 효모에 물과 설탕을 넣고 섞은 뒤 따뜻한 곳에 두면 효모 안에 들어 있는 작은 버섯과 같은 미생물이 설탕을 먹으면서 탄산가스를 내뿜는다.

아홉 번째 문제

 정말 신기하다. 시간이 조금 지나면 마치 마술처럼 촛불이 저절로 꺼진다. 하긴 저절로 꺼진다는 말은 좀 어울리지 않는다. 양초의 불꽃을 죽인 것은 베이킹파우더와 식초가 서로 반응하여 생긴 이산화탄소였으니까. 어떤 불꽃이든지 계속 타오르려면 산소가 필요한 법인데 양초 주변에서 발생하는 이산화탄소(탄산가스)가 그 산소를 몰아내기 때문에 불꽃이 더 이상 타오르지 못하고 서서히 사그라지다가 완전히 꺼지게 되는 것이다.

이처럼 보이지 않지만 놀라운 일을 하는 가스는 또 어떤 것이 있을까? 바로 에틸렌(가장 간단한 구조를 가진 에틸렌계 탄화수소의 하나로서 주로 다른 합성의 원료로 사용됨. 식물 호르몬의 일종임: 옮긴이)이 있다. 이것은 우리 눈에 보이지도 않고 냄새도 나지 않으며 인체에 무해하다. 흔히 성장 촉진 가스라고 불리기도 하는데 사과가 이 에틸렌을 '뿜어낸다'. 이 가스가 어떻게 성장을 촉진시키는지는 간단한 실험을 통해 알아볼 수 있다.

똑같은 정도로 익은 바나나(완전히 노란색이면 가장 좋다) 두 개를 골라 한 개는 사과 몇 개가 담겨 있는 접시에 놓고, 다른 한 개는 다른 접시에 따로 담아 멀찍이 놓아 둔다. 하루가 지나면 따로 놓아 둔 바나나는 여전히 노란색을 유지하지만 사과 옆에 둔 바나나는 갈색을 띠게 된다. 이 실험을 통해 과일이 빨리 익기를 바라지 않는다면 과일 바구니에서 사과를 빼 놓는 것이 좋다는 사실을 알 수 있다.

배배가 알고 있는 가스도 하나 있다. 그것은 방귀다. 돼지가 뀌거나 사람이 뀌거나 썩은 달걀과 같은 구린내가 나는 건 마찬가지다. 방귀는 이산화탄소(CO_2)와 메탄가스(소도 이 가스를 내뿜는다) 그리고 황화수소의 혼합물이다.

우리는 호흡을 할 때도 가스를 만들어 낸다. 우리가 들이마시는 공기는 질소와 산소로 이루어져 있다. 그리고 숨을 내쉴 때 나오는 공기에는 이산화탄소가 섞여 있다. 그러니까 우리 몸은 매번 호흡을 할 때마다 이산화탄소를 생산해 내는 작은 화학 공장인 셈이다!

 열 번째 문제

아주 간단하다. 설탕의 결정체는 작은 보석처럼 반짝반짝 빛나지만 소금의 결정체는 그냥 생기 없는 흰색을 띠고 있다. 그러니 두 눈을 크게 뜨고 잘 보길!

여기 로자 아줌마가 여러분을 위해 특별한 선물을 준비해 두었다. 밀가루로 만들기용 반죽을 만드는 법이다. 만들기용 반죽은 (배배는 결코 믿고 싶지 않겠지만) 절대로 먹어서는 안 된다! 이 반죽은 부활절이나 크리스마스 혹은 생일에 무언가 직접 만든 것을 선물하고 싶은 창의적인 사람에게는 돈이 (거의) 안 드는 최고의 만들기 재료다. 이 만들기용 반죽으로 만든 작품은 항상 인기가 좋다.

반죽을 만드는 방법은 다음과 같다.

만들기용 밀가루 반죽 만드는 법

재료는 따뜻한 물 1컵, 밀가루 4컵, 소금 2컵, 식용유 1큰 술이다. (식용유 대신에 도배용 풀을 사용할 수도 있다. 도배용 풀을 넣으면 반죽이 훨씬 단단해진다.)

모든 재료를 한꺼번에 그릇에 넣고 잘 섞은 뒤 단단한 덩어리가 될 때까지 계속 주물럭거린다. 반죽이 너무 끈적거리면 밀가루를 조금 더 넣는다. 그와 반대로 반죽이 자꾸 부서지면 따뜻한 물을 조심스럽게 첨가한다.

반죽이 다 만들어지면 만들기용으로 사용할 수 있다. 반죽을 떼어 원하는 모양을 빚는다. 꽃 모양이나 예쁜 글씨를 빚을 수도 있고 촛대 같은 것도 만들 수 있다.

그리고 색깔이 있는 형체를 만들고 싶다면 반죽에 식용 색소(슈퍼마켓에서 구입 가능)를 넣거나 천연 재료를 사용한다. 예를 들어 반죽에 커피나 코코아 가루를 섞으면 갈색이나 초콜릿색이 되고 카레 가루나 계피 가루를 쓰면 노란색 반죽이 된다. 혹은 잉크를 넣는 것도 가능하다.

원하는 작품을 빚은 뒤에는 잘 말린 다음 오븐의 가운데 칸에 넣고 굽는다. 온도는 150도가 적당하며 작품의 크기나 두께를 고려하여 30분~45분 정도 굽는다. 다 구워진 작품은 도기처럼 단단해서 겉면에 그림을 그릴 수 있다.

 **열한 번째 문제**

많이 넣어도 넘쳐흐르지 않았던 컵에 넣은 하얀 가루는 바로 소금이다. 왜냐고? 소금 입자는 설탕 입자보다 크기가 작아서 물 분자 사이에 더 잘 들어갈 수 있기 때문이다.

이와 관련해서 흥미로운 실험을 해 보자. 컵 두 개에 물을 담고 한쪽에는 소금을, 다른 쪽에는 설탕을 각각 여섯 큰 술 정도 풀어 넣는다. 그 다음 컵 가장자리까지 물이 올라오도록 양쪽 컵에 같은 개수의 동전을 하나씩 조심스럽게 집어넣는다. 컵 가장자리까지 물이 찼을 때 동전 하나를 살그머니 미끄러지게 해서 넣으면 물의 표면이 위로 살짝 부풀어 오르지만 넘쳐흐르지는 않는 것을 볼 수 있다. 이것이 바로 물의 표면 장력이다. 이 표면 장력 때문에 소금쟁이 같은 작은 곤충이 수면 위를 걸어 다닐 수 있는 것이다.

 열두 번째 문제

배배와 하비의 말은 둘 다 맞다. 그리고 차차의 대답도 틀린 것은 아니다. 어느 슈퍼마켓이든지 소금을 파는 것은 사실이니까. 소금 광산에서 캐는 소금은 암염이라고 하고 바닷물로부터 얻는 소금은 해염이라고 한다. 바닷물에서 소금이 어떻게 나오냐고? 설명은 바로 다음에 나온다.

 열세 번째 문제

실제로 물에 녹았던 소금을 다시 나타나게 하는 데 성공한 돼지는 하비뿐이다. 하비가 택한 방법은 오늘날 흔히 해염을 만드는 데 사용되는 방법과 같기 때문이다. 해염은 커다란 용기에 바닷물을 담아 가열하여 수분을 증발시키고 용기 바닥에 굵은 소금 부스러기를 남게 하는 방법으로 얻는다.

물론 많은 양의 소금을 얻으려면 프라이팬 따위로는 어림도 없다. 해염을 얻기 위해서는 바닷물을 가열하여 수분을 증발시키는 거대한 기계가 사용된다. 그리고 우리가 쓰는 소금의 대부분은 암염에서 나오는데 이것은 소금 광산에서 채굴한 소금 광석을 씻고 말려서 만든 것이다.

 열네 번째 문제

양쪽 컵에 담긴 소금물은 털실을 완전히 적실 때까지 털실을 타고 올라온다. 그 다음 털실이 서서히 마르면서 수분은 증발하고 소금기만 남아 결국 겉에 아주 작은 소금 알갱이가 달라붙어 있는 소금 실이 된다. 소금 실이 아무짝에도 쓸모가 없다는 것은 유감이지만!

 열다섯 번째 문제

그야말로 달콤한 깜짝 선물이다! 생각만으로도 벌써 배배의 뱃속에서는 '꾸르륵' 소리가 난다.

실험을 하는 정확한 방법은 다음과 같다. 우선 설탕과 물을 2:1 비율로 섞는다. 자세히 설명하면, 설탕 두 컵을 물 한 컵에 넣어서 잘 저은 다음에 냄비에 붓고 설탕이 완전히 녹을 때까지 열을 가한다. 이 설탕 포화 용액(더 이상 설탕이 들어갈 수 없을 만큼 설탕으로 꽉 찬 상태의 용액)을 기다란 잔에 붓는다. 다음으로 나무젓가락이나 꼬치구이 할 때 쓰는 긴 꼬챙이 같은 것을 두 개 가져다가 한 개는 잔 위에 가로로 길게 걸쳐 놓고 가운데에 다른 한 개를 십자로 세워 고정시키되 세로로 길게 세운 것이 거의 바닥에 닿을 정도로(절대로 바닥에 닿아서는 안 된다!) 설탕물 안에 잠기게 한다. 이렇게 만든 것을 따뜻한 장소에 놓고 하루나 이틀 기다리면 자잘한 설탕 알갱이가 붙어 있는 막대기가 생긴다. 설탕 결정체가 나무 꼬챙이에 달라붙어 설탕 막대가 된 것이다. 이걸로 차를 저으면 끝에 있는 설탕 알갱이가 서서히 녹으면서 차를 달콤하게 만든다. 음, 맛있어라!

맛있는 것 이야기가 나왔으니 단것을 즐기는 돼지들을 위해 로자 아줌마의 특별한 레시피 한 가지를 소개하기로 한다. 캐러멜 만드는 법이다.

캐러멜은 잘못 씹으면 치아의 때운 부분이 빠질 위험이 있지만 정말 맛있는 간식이다. 주의할 것은 적당한 양만 입속에 넣어야 한다는 점이다. 집에서 직접 만들어 먹을 수 있는데 반드시 어른이 지켜보는 가운데 만들어야 한다는 것을 명심하자!

캐러멜 만드는 법

재료는 설탕 500g, 꿀 150g 생크림 작은 잔 2개, 식용유다.

1. 설탕과 꿀 그리고 생크림을 큰 냄비에 넣어 잘 섞은 뒤 불 위에 올려놓고 계속 저어 가면서 끓인다. 끓기 시작하면 재료가 연갈색이 될 때까지 10분 정도 더 끓인 다음 냄비를 불에서 내린다.

2. 냄비 안의 내용물을 숟가락으로 떠서 사기 접시에 떨어뜨린다. 조금 지나도 딱딱하게 굳지 않고 말랑말랑하다면 몇 분 더 끓인다.

3. 빵 굽는 판에 은박지를 깔고 식용유를 살짝 바른다. 끓인 것을 조심스럽게 붓고 20분 정도 식힌다.

4. 잘 드는 칼을 골라 칼날에 식용유를 바르고 캐러멜 덩어리를 정사각형 모양으로 자른다. 세 시간이 지나면 캐러멜이 완성된다. 조심스럽게 조각을 내서 맛을 본다.

 **열여섯 번째 문제**

물을 통해서 보면 물체가 실제보다 크게 보이는 것은 사실이다. 예를 들어 투명한 비닐 랩에 물방울을 떨어뜨린 다음 그것을 책에서 읽으려는 글자나 페이지 위에 대고 보면 마치 확대경을 대고 보는 것처럼 크게 보인다. 아주 작은 글자도 잘 알아볼 수 있을 정도다.

하지만 로자 아줌마가 잘못 빠뜨린 꼬마 곰 젤리는 단순하게 그냥 물속에 있어서 커 보이는 것이 아니라 실제로 커진 것이다. 꼬마 곰 젤리의 주성분인 젤라틴이 물을 빨아들여 부풀어 오르기 때문이다. 퉁퉁 불어 버린 곰 젤리는 먹지 않는 것이 좋다. 맛이 정말 역겹기 때문이다. 누군가 배배에게 미리 그 얘기를 해 주었더라면 좋았을걸. 누가 말릴 사이도 없이 물컵에 있던 곰 젤리를 입속에 털어 넣은 배배는 한참 동안이나 구역질을 할 것 같은 얼굴이었다.

 **열일곱 번째 문제**

맛의 종류에는 네 가지가 있다. 단맛과 신맛, 짠맛 그리고 쓴맛이다. 맛을 느끼게 하는 것은 혀의 표면에 위치한 맛봉오리('미뢰'라고도 불리며 맛을 느끼는 역할을 한다: 옮긴이)라는 감각기관인데 주로 혀의 안쪽과 양옆에 분포되어 있다.

맛을 느끼는 데 혀만큼이나 중요한 게 바로 코다. 맛을 볼 때 냄새도 맡을 수 있어야만 비로소 맛이 있다고 느낀다. 그래서 감기에 걸려 코가 막히면 무얼 먹어도 맛이 없는 것이다.

로자 아줌마가 삼총사를 상대로 한 실험을 통해서 그 사실을 잘 알 수 있다. 아줌마는 삼총사가 볼 수 없게 주방 구석에서 치즈와 사과, 빵, 오이 그리고 소금에 절인 정어리를 가져다가 모두 작게 조각을 냈다. 그 다음에 삼총사의 눈을 가리고 코를 집게로 막은 다음(돼지 코에 집게를 꽂는 건 결코 쉽지 않은 작업이다) 삼총사에게 작은 조각 하나를 혀끝에 대 보게 했다.

셋 다 대단한 먹보여서 오이와 치즈의 맛은 금방 구별할 수 있을 텐데도 아줌마가 맛보게 한 것이 무언지 도무지 짐작이 가지 않았다.

"껌인가요?"

배배가 머뭇거리며 물었다.

"배인 것 같은데요."

하비의 목소리도 자신 없게 들렸다.

"오래된 구두 밑창 같은데요."

차차는 우스갯소리로 대답을 대신했다.

"다 틀렸다."

아줌마는 큰 소리로 웃음을 터뜨렸다.

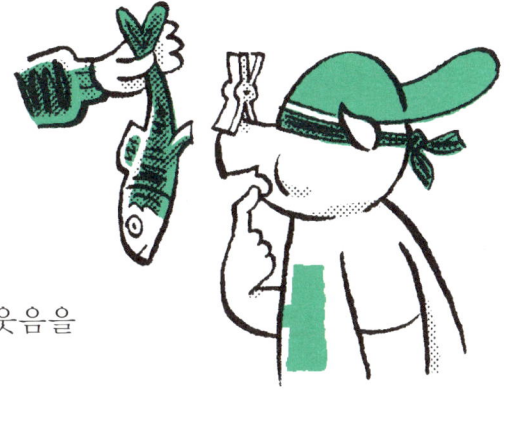

"사과 조각이다. 너희들 감각 기관을 속이는 게 얼마나 쉬운지 이제 알겠지?"

 열여덟 번째 문제

붉은 양배추의 즙은 멋진 색깔을 얻는 데 쓰일 뿐만 아니라 어떤 액체가 산성인지 염기성인지 아니면 중성인지 알려 주는 간단한 도구로 사용되기도 한다.

붉은 양배추 절반을 잘게 썰어 냄비에 넣고 물을 부은 뒤 물 색깔이 붉은색이 될 때까지 몇 분간 삶는다. 그 다음 냄비 안에 있는 것을 체에 걸러 붉은 물만 그릇에 담아 식힌다. 이 붉은 물을 가지고 실험을 할 수 있다.

붉은 물을 여러 개의 작은 컵에 나누어 담는다. 컵에 담긴 이 지시약(화학 반응에서 어떤 물질의 성질을 판별하는 데 사용되는 물질을 이렇게 일컫는다)에 실험하고 싶은 몇 가지 액체를 넣어 본다. 마침 로자 아줌마 주방에는 레몬즙이나 비눗물처럼 붉은 양배추 물에 떨어뜨려 볼 만한 것이 여러 가지 있었다.

알록달록한 색깔을 얻고 싶다면 작은 컵 일곱 개를 준비하여 테이블 위에 나란히 늘어놓은 다음 컵에 붉은 양배추 물을 똑같은 양으로 담고 왼쪽부터 오른쪽 방향으로 레몬즙, 식초, 수돗물, 세숫비누를 물에 푼 것, 나트론 용액, 세탁기용 세제를 물에 푼 것 그리고 마지막으로 소다액을 차례대로 넣는다. 좀 지나면 일곱 개의 컵에 든 액체가 변해 있음을 보게 된다.

집에서 마시는 차나 콜라를 넣어서 실험을 해 보아도 된다. 어떤 액체든 넣어서 실험해 볼 수 있으며 실험 결과를 통해 얻을 수 있는 결론은 붉은색을 띠는 액체는 산성이고 푸른색을 띠는 액체는 염기성(알칼리성)이라는 사실이다.

물이 산성이면 꽃의 색깔이 변한다는 사실은 정원사도 알고 있다. 물에 철염(철의 염류로 산성이다: 옮긴이)을 풀어 그것을 붉게 핀 수국에 주면 꽃 색깔이 푸른색으로 변한다. 심지어는 뿌리 근처에 녹슨 못을 심어 두면 지난해 붉은 꽃이 피었던 꽃나무에서 놀랍게도 푸른 꽃이 핀다. 주의 깊은 정원사라면 꽃나무에서 피는 꽃 색깔의 변화를 통해 흙이 강한 산성 혹은 강한 염기성을 띠게 되었다는 사실을 눈치챌 수 있다.

 **열아홉 번째 문제**

달걀 껍데기에 작은 기포들이 생긴다. 이 기포에는 우리가 이미 알고 있는 이산화탄소가 들어 있으며 이 가스가 달걀 껍데기를 부드럽게 만든다. 한참 기다리면 껍데기가 마치 얇은 고무가 된 것처럼 연해져 삶은 달걀을 주물럭거릴 수 있다.

무슨 일이 일어난 걸까? 달걀 껍데기의 성분은 석회(탄산칼슘)로 이것은 지구상에서 가장 흔한 물질 가운데 하나이며 특히 암석의 형태로 존재한다. 탄산칼슘은 대리석과 분필, 석회암의 주성분이고 뼈와 치아뿐만 아니라 산호와 조개 그리고 달팽이에도 들어 있다. 레몬즙이나 식초가 이 물질에 얼마나 치명적인지 안다면 대리석 위에 레몬즙을 쏟는 일은 결코 하지 않을 것이다. 보기 흉한 흔적을 남기기 때문이다. 이제 산이 석회에 얼마나 해가 되는지 알게 되었으니 왜 산성이 강한 식품이나 음료를 멀리해야 하는지 이해하게 되었을 것이다. 치아가 손상되는 것을 막기 위해서다.

치약이 치아를 정말로 보호해 준다는 사실을 증명하는 실험 한 가지를 해 볼까? 삶은 달걀 반쪽에만 껍데기에 치약을 바르고 식초에 넣어 보자. 그러면 치약을 바르지 않은 쪽에 작은 이산화탄소 방울들이 보글보글 솟아오를 것이다.

 스무 번째 문제

천연 재료로 얻을 수 있는 색깔은 다음과 같다.

붉은 사탕무, 붉은 양배추 이파리	붉은 보라색
당아욱 차	붉은색
검붉은 구즈베리	붉은 기를 띤 회색
사과나무 줄기, 자작나무 줄기	불그스름한 색
말오줌나무 열매	청회색, 검정색
월귤나무	청회색
자작나무 잎, 쐐기풀 이파리	황록색
사프란	노란색
당근	주황색
커피, 차, 양파 껍질	갈색 계통
담쟁이덩굴, 파슬리, 시금치	초록색

천연염료로 달걀 물들이는 법

1. 우선 염료 액을 만들어야 한다: 얻고자 하는 색을 위해 선택한 재료가 당근과 같은 채소일 경우 혹은 식물의 어떤 한 부분처럼 큰 것일 경우 잘게 썰어야 한다. 그리고 그것을 (500g 당 2 리터의 물 비율로) 물에 넣어 30-40분 정도 삶는다.

2. 나뭇잎이나 꽃잎 그리고 딸기 종류는 (100g 당 2 리터의 물 비율로) 물에 몇 시간 담가 두었다가 한 시간가량 삶는다.

3. 식물의 뿌리나 줄기 혹은 나무 조각을 쓰려고 한다면 (100g 당 2 리터의 물 비율로) 물에 이틀 동안 담가 두었다가 두 시간 정도 삶아야 한다.

4. 갈색 계통의 색을 얻기 위하여 차 또는 커피를 물들이는 재료로 하고 싶다면 (50g 당 2 리터의 물 비율로) 물에 넣어 30 분쯤 끓인다.

5. 선택한 재료를 삶고 나서는 반드시 필터로 걸러 내야 한다.

6. 염료 액이 준비되면 삶은 달걀(혹은 안의 내용물을 빼내 껍질만 남은 달걀)을 식초 탄 물에 씻고 차갑게 식힌 염료 액에 담가 둔다. 시간이 조금 지났을 때 숟가락으로 달걀을 건져 어느 정도 물이 들었는지 살펴본다. 엷은 색을 원한다면 염료 액에 잠깐 담가 두는 것으로 충분하다. 그러나 짙은 색으로 물들이고 싶다면 시간이 꽤 걸린다. 바라는 색깔로 물이 들었으면 염료 액에서 꺼낸 다음 잘 말려서 겉면을 식용유 몇 방울이나 베이컨 껍질로 살살 문지른다. 그러면 윤기 나는 예쁜 색깔의 달걀을 얻을 수 있다.

 스물한 번째 문제

꽃이 두 가지 색깔로 물든다! 마술사에게는 꽃 한 송이를 가지고 기발한 마술을 펼칠 수 있는 좋은 기회가 제공된 셈이다. 거의 모든 꽃의 색깔을 바꿀 수 있기 때문이다. 엄마가 하얀 카네이션 한 묶음을 꽃병에 꽂아 식탁에 놓았다면 아주 쉽게 알록달록한 꽃다발로 만들어 엄마를 기쁘게 해 드릴 수 있다.

 스물두 번째 문제

이제부터 설명하는 것은 어려운 용어로 '색층 분석(크로마토그래피. 여러 가지가 섞인 혼합액을 이동 속도 차이를 이용하여 분리하는 방법. 예를 들어 검은색 수성 사인펜으로 글씨를 쓴 종이에 물이 묻어 사인펜이 번지면 번진 부분은 푸른색, 붉은색, 노란색 등 여러 색깔이 서로 다른 위치에 퍼져 있는데 이것은 각 색소들의 이동 속도가 서로 다르기 때문이다: 옮긴이)'이라고 하는데 어떤 꼬마 돼지도 이 말을 굳이 암기할 필요는 없다. 중요한 것은 검은색이 단순한 한 가지 색깔이 아니라 여러 가지 색깔이 합쳐져서 만들어진 색이라는 사실이다. 그리고 그 사실은 로자 아줌마의 실험을 통해 눈으로 확인할 수 있다. 검은색 사인펜으로 그린 점에 물방울을 떨어뜨리면 물기가 검은색 안에 있는 색깔들을 해체시키는데 사인펜이 어느 회사의 제품이냐에 따라 검은색을 이루고 있는 색깔들이 서로 다르기 때문에 마치 지문처럼 서로 다른 독특한 무늬를 보여 주게 된다.

이 사실을 잘 이용하면 생일 파티 같은 데서 근사한 마술을 선보일 수 있다. 파티에 참석한 손님들에게 사인펜을 한 자루씩 나누어 주고 종이에 아무도 보지 못하게 낱말을 한 개 쓴 다음 아래에 똑바로 밑줄을 그으라고 부탁한다. 손님들에게 적는 낱말은 꽃 이름이든 동물 이름이든 자동차 차종이든 어떤 것이나 상관없으며 화학적인 마법을 통해 누가 무엇을 적었는지 알아맞힐 수 있다고 장담한다.

하지만 마술을 선보이기 전에 미리 준비해야 할 것이 있다. 우선 끝이 약간 뭉툭한 검은색 사인펜을 각기 다른 회사 제품으로 여러 개 준비한다. 어떤 문구점에서든지 대여섯 개 정도는 쉽게 구할 수 있다. 그 다음 준비한 사인펜들로 따로 준비한 종이에 까만 점을 한 개씩 그리고 물방울을 떨어뜨려 검은색이 물에 번져 나가게 한다. 각 점마다 번호를 매기고 점을 그리는 데 사용한 사인펜에도 같은 번호를 매긴다. 이로써 명탐정이 되기 위한 준비는 끝난 셈이다.

손님들이 단어를 다 쓴 다음에는 종이를 걷어 '실험실'에 들어가 분석해 오겠다고 말한다. 걷은 종이에 물방울을 떨어뜨려 보면 누가 어떤 낱말을 썼는지 금방 밝혀낼 수가 있다. 물론 손님들은 자기가 사용한 사인펜을 손에 들고 있어야 한다.

 스물세 번째 문제

이 문제의 답은 실험을 통해 직접 알아내는 수밖에 없다. 무엇이 더 강할까? 소금일까 아니면 설탕일까? 소금과 설탕을 각각 큰 술로 하나씩 따뜻한 물에 넣고 잘 저은 다음 조심스럽게 맛을 본다. 재미있는 실험이 되길!

 일상생활 속의 화학

두 가지 종류 이상의 물질이나 성분이 화합하여 만들어진 것이 아니며 화학적인 방법으로는 더 이상 쪼개지지 않는 물질들을 화학에서는 원소라고 부른다. 수소나 산소와 같은 가스들이 바로 이런 순수한 물질들에 속한다. 반면에 우리가 호흡을 할 때 마시고 내뿜는 공기는 여러 가지 서로 다른 가스들이 혼합되어 있다.

다음 두 쪽에는 여러 가지 물질들을 소개하고 있다. 그중 몇 가지는 혼합물이고, 다른 몇 가지는 순수한 원소이며, 또 어떤 것들은 수도꼭지의 겉면을 싸고 있는 크롬처럼 어떤 물체의 바깥(보호)면을 이루고 있다. 어쨌든 한 가지 분명한 점은 화학이 일상생활에서 우리와 늘 함께하고 있다는 사실이다.

생각을 뒤집으면
논리가 보인다
수학 선생님과
돼지 삼총사의 한판 승부!

으리으리 산으로 소풍을 가게 된 돼지 학교 학생들.
높고 험하기로 유명한 으리으리 산에 걸어 올라가야 하다니!
게으른 꼬마 돼지들을 위해 돼지 삼총사 하비, 배배, 차차가 나섰다.
똥배 선생님을 상대로 벌이는 알쏭달쏭 흥미진진한 수학 수수께끼 대작전!

저자의 이야기를 풀어 나가는 솜씨가 감탄스럽다. 재미있는 이야기를 읽으면서 동시에
논리적으로 생각하는 힘을 기를 수 있는 유쾌한 수학 동화. 어린이들이 이 책을 통해
천천히 생각하면서 수학적으로 사고하는 힘을 기를 것을 당부한다.

강문봉 경인교육대학교 수학교육과 교수

수학 강국 싱가포르의 교육 핵심은 수학을 즐기는 것이다.
수학을 잘 하는 아이는 문제를 많이 푼 아이가 아니라 바로 수학을 재미있어 하는 아이다.
돼지 삼총사의 수수께끼를 풀다 보면 수학의 재미와 맛에 흠뻑 빠지게 될 것이다.

고영아 옮긴이

> 돼지 삼총사,
> 캠프에서 맞수를 만나다
> 야생으로 배우는
> 재미있는 물리 상식

방학 동안 삼총사끼리만 캠핑을 가려던 야심 찬 계획에 빨간불이 들어왔다.
쌍둥이 동생과 잘난 척 대장 무머리 아저씨가 따라붙기로 한 것이다.
꼬마 돼지들은 예전에 물리 선생님이었던 무머리 아저씨의 높은 콧대를
꺾으려고 온갖 물리 상식을 동원하는데…….
돼지 삼총사의 왁자지껄한 물리 캠프로 다 함께 떠나 보자!

여기 산과 들에서 만난 어려운 상황을 과학적으로 해결해 나가는 똑똑한 꼬마 돼지들이 있다. 읽다 보면 마치 우리가 함께 캠프에 간 듯 빠져들어 함께 문제를 풀게 된다. 이 책이 주는 흥미로운 간접 경험은 어린이들이 이론으로만 알고 있는 지식을 생활 속에서 응용하는 능력을 기를 수 있도록 해 줄 것이다

곽영직 수원대학교 물리학과 교수

아이들은 재미있다고 생각하는 것을 가장 잘 배운다. 이 책을 읽는 아이들은 이제까지 어렵고 재미없는 과목이라고 생각해 왔던 물리가 일상생활에서 마주칠 수 있는 현상들 속에 숨어 있음을 깨닫고 감탄하게 될 것이다.

고영아 옮긴이

글쓴이 로베르트 그리스벡

세 명의 자녀를 독립시킨 뒤 책을 쓰는 일에만 전념하고 있다. 바이에른 지방에 있는 슈타벨 호숫가의 작은 집에 살면서 날마다 재미있는 수수께끼를 생각해 내느라 아주 바쁘다. 직접 기르고 있는 수퇘지 에르빈한테서 종종 영감을 얻어 돼지 삼총사 이야기를 쓴다고 한다.

그린이 닐스 플리그너

어린 시절부터 손에서 그림 그리는 붓을 놓아 본 적이 없는 그야말로 천생 화가다. 친구이자 작가인 로베르트 그리스벡을 만나기 위해 종종 함부르크에서 슈타펠 호수까지 먼 길을 마다하지 않고 찾아간다. 로베르트와 에르빈이 지어낸 멋진 이야기에 매료되어 그림을 그릴 때가 무척 행복하다고 한다.

옮긴이 고영아

독일에서 공부를 하고 돌아와 『수학귀신』『천둥 치는 밤』『펠릭스는 돈을 사랑해』와 같은 어린이책들을 우리말로 옮겼다. 이 책을 번역하는 동안 꼬마 돼지들과 함께 화학 실험을 하느라 시간 가는 줄 모를 만큼 즐거웠다고 한다.

 이 책을 만드는 데 도움을 주신 한미애 선생님께 깊은 감사를 드립니다.